いのちの思想家　安藤昌益

——人と思想と、秋田の風土——

石渡博明

はじめに

二〇一二年の干支《えと》は辰《たつ》（龍）、「確龍堂良中《かくりゅうどうりょうちゅう》」とも名乗っていた「忘れられた思想家」安藤昌益《しょうえき》が没してちょうど二五〇年、昌益を歴史の闇から救い出し表舞台に登場させた発見者・狩野亨吉《かのうこうきち》が没して七〇年、という記念すべき年にあたります。こうした時にあたり、二人を中心に「いのちの思想家」安藤昌益の生涯と思想についてふり返ってみるのも意味のあることではないでしょうか。

安藤昌益は現在では、中学・高校の歴史教科書のほとんどで取り上げられ、名前だけならばすでに「忘れられた」存在ではなく、かなり知られた存在になってきました。とはいえ、その人となりや思想については、「身分制を徹底的に批判した平等論者」「男女平等論者」といったこと以外、ほとんど知られていません。いわば「知られざる思想家」です。そうした「知られざる思想家」安藤昌益を、私はこの間、「いのちの思想家」と呼びならわしてきました。

昌益は、いのちを支える食料生産者である農民の子として生まれ、いのちを預かる医師として生涯、いのちを見つめ、いのちを考えぬいた思想家です。昌益思想の根幹とも言える「自《ひと》り然《す》る自然《しぜん》」とは、この宇宙の全存在をいのちあるもの、有機的連関のもとに自己代謝しつつある一大生命体と見なした表現ですし、「直《てず》ら耕《か》す直耕《ちょっこう》」とは、そうしたいのちの営みを擬人化・主体化した、農民の代弁者・昌益ならではの力強い表現です。

もちろん昌益は、江戸時代中期に生きた人物ですから、現在の私たちから見れば、おかしなことや不合理な点も数多く持ち合わせています。いっぽう、二一世紀を生きる私たちはと言えば、溢れんばかりの情報に追い付くことに汲々として、私たちの存在の根拠である「自然」を自らの身体で感じ、自らの頭で考えることを奪われ、放棄しているかのように見えます。

とりわけ三・一一という未曾有の災禍を経験せざるをえなかった私たちとしては、いのちの尊さ、いのちのかけがえのなさを、今さらながらのように痛感させられたはずです。ところが、受け止め方は人によって、立場によって、さまざまです。災禍を糧にこれまでの生き方を問い直す人もいれば、災禍に開き直りあるいは便乗し既得権益の維持・拡大をもくろむ人もいます。昌益は、そうした社会のありさまを「直耕の衆人」と「不耕貪食の徒」との対立と見ていました。

昌益は過去の人ではありません。私たちの同時代人、いや先行者といってもいいでしょう。昌益の訴えは、今もってきわめてリアルです。昌益の訴えに耳を傾けながら、自らの頭でものを考え、自らの足で歩むことが、今、求められています。

いのちの思想家　安藤昌益［目次］

【昌益関係者の所在地】

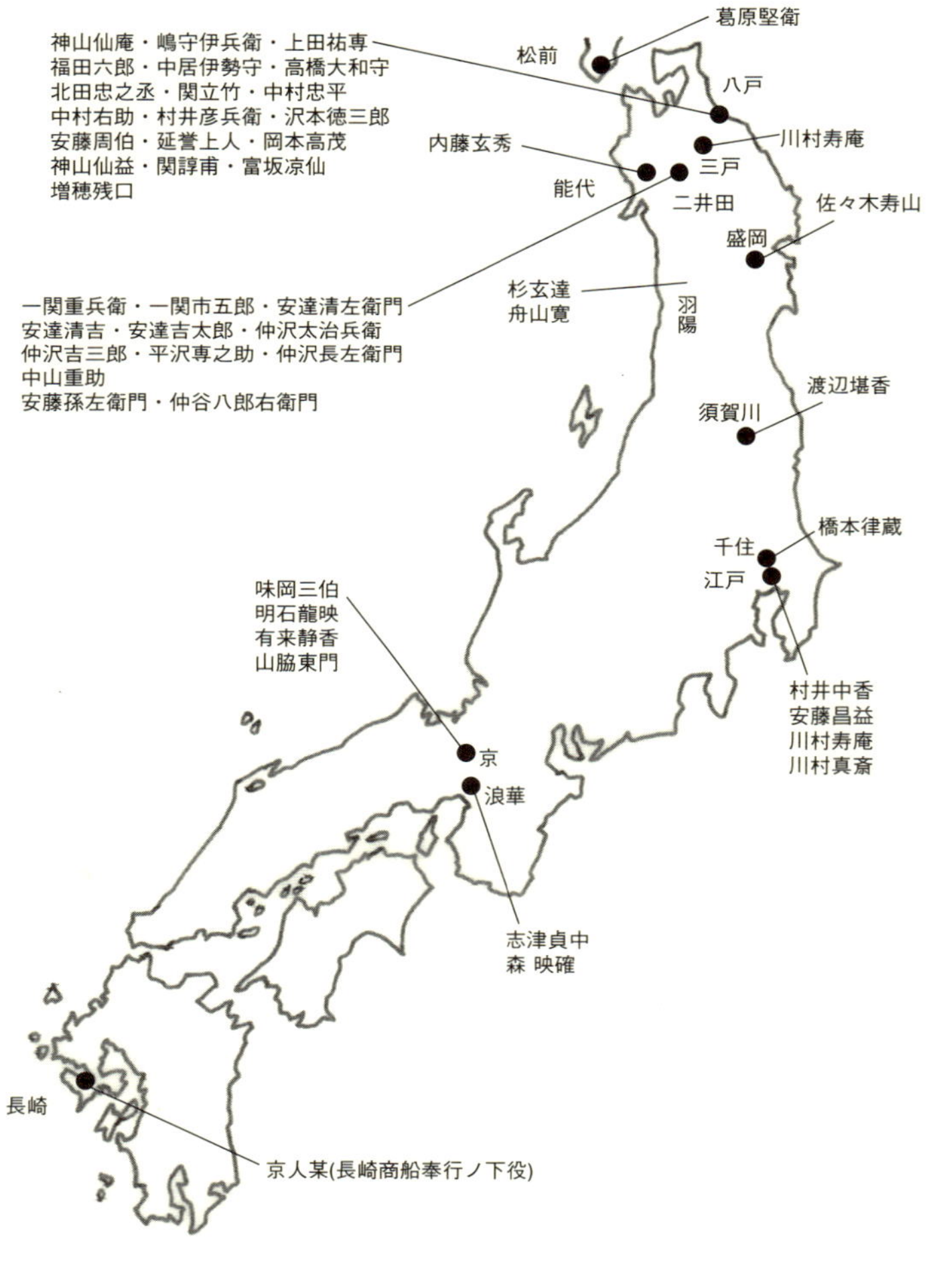

葛原堅衛
松前
神山仙庵・嶋守伊兵衛・上田祐専
福田六郎・中居伊勢守・高橋大和守
北田忠之丞・関立竹・中村忠平
中村右助・村井彦兵衛・沢本徳三郎
安藤周伯・延誉上人・岡本高茂
神山仙益・関諄甫・富坂凉仙
増穂残口
八戸
内藤玄秀
川村寿庵
三戸
能代
二井田
佐々木寿山
盛岡
一関重兵衛・一関市五郎・安達清左衛門
安達清吉・安達吉太郎・仲沢太治兵衛
仲沢吉三郎・平沢専之助・仲沢長左衛門
中山重助
安藤孫左衛門・仲谷八郎右衛門
杉玄達
舟山寛
羽陽
渡辺堪香
須賀川
橋本律蔵
千住
江戸
味岡三伯
明石龍映
有来静香
山脇東門
村井中香
安藤昌益
川村寿庵
川村真斎
京
浪華
志津貞中
森 映確
長崎
京人某(長崎商船奉行ノ下役)

第Ⅰ章　いのちの思想家、安藤昌益を育くんだ秋田

「安藤昌益」と、発見者「狩野亨吉」ゆかりの地へ

安藤昌益も狩野亨吉も、ともに秋田県大館市の出身です。まずは、同市釈迦内《しゃかない》獅子ヶ森にある市立大館郷土博物館に出向いてみましょう。

郷土博物館は廃校になった元県立大館東高校の校舎をそのまま再利用したユニークな博物館です。玄関前右手の芝生の庭には、一九九六年に地元の有志の方々が中心になって建立した、『蟹工船』その他で国際的にも知られる同市川口（旧下川沿村）出身のプロレタリア作家・小林多喜二の文学碑が静かにたたずんでいます。

館内には、大館盆地の自然や縄文土器の紹介をはじめとして、伝統産業である農業・林業・鉱業の紹介コーナー、秋田音頭でも知られる秋田杉を使った伝統工芸品「曲げわっぱ」の紹介コーナーもあり、「郷土の偉人」コーナーでは、パネルによって安藤昌益や狩野亨吉、亨吉の父・狩野良知《りょうち》といった人々が紹介されています。

狩野亨吉の生家と顕彰碑

では次に、市内に残る二人についてのゆかりの地を訪ねてみましょう。

まずは昌益の発見者である狩野亨吉（一八六五〜一九四二年）について。生家は大館市の中心街、市役所を中心に桜櫓館《おうろかん》や桂城公園、「忠犬ハチ公」で知られる秋田犬会館といった文化施設が集中する一角、元大館城三の丸に位置します。

亨吉の生家は、現在では「ローズガーデン」として知られる大館市名誉市民第一号、石田博英《ひろひで》氏（故人）の家にあたります。石田家の門の左手には「昭和三六年　顕彰会」の手によって「狩野良知・亨吉父子生家之跡」と書かれた青銅製の銘板が埋め込まれ、門を入るとすぐ左手の植え込みには「狩野良知・亨吉生家の跡」と書かれた標柱があって、ゆかりの地であることを示しています。バラの季節には庭いっぱいのバラが咲き誇ります。

生家跡から歩いて五分ほどの所にある市立中央図書館の玄関前には、亨吉の教え子で文部大臣も歴任したことのある岩波文化人の一人、後に『狩野亨吉遺文集』を編集した安部能成《よししげ》が揮毫《きごう》した「狩野父子顕彰碑」があります。館内には江戸中期の紀行家で民俗学の先駆けともいえる菅江真澄《すがえますみ》（一七五四〜一八二九）の自筆本を含む貴重な資料を収集した「真崎文庫《まさき》」や、昌益関連資料を展示した「安藤昌益コーナー」もあります。

安藤昌益ゆかりの地―二井田

では次に、本書の中心人物・安藤昌益（一七〇三〜六二）ゆかりの地、二井田《にいだ》を訪れてみましょう。二井田の集落は中心街から秋北バスで約二〇分、米代川を渡って比内鶏の故郷、大館市比内町に隣接した農村地帯の一角にあります。米代川の船着き場だった扇田の集落を経て、広々とひろがる田園地帯にランドマークよろしくこんもりと突き出た達子森《たっこもり》を左手に見てまっすぐ、米代川の支流の一つ、犀川《さいかわ》を渡ると右手が二井田です。ちなみに犀川の手前右手には、世界遺産にも登録された平泉文化を北奥の地に開化させた藤原氏第四代、泰衡《やすひら》を祀った錦神社があり、このあたり一帯が古くから開けた地であったことを物語っています。

二井田の集落の入り口には「安藤昌益　生誕の地」と書かれた案内板があります。案内板に沿って右手、土手に向かって進むと、すぐ左手の階段上に小さな祠《ほこら》と青麻大権現や十三夜塔といった石塔が集まった伊勢堂古社地跡があり、その隣には犀川を背にして「安藤昌益顕彰碑」が高々とそびえています。この碑は、一九九六（平成八）年、昌益の晩年資料を発見された石垣忠吉《ちゅうきち》さんを中心に地元の有志の方々が、残された碑文を元に昌益を慕った当時の農民の心を今に引き継ごうと再建したものです。顕彰碑の向かいが安藤家、現在のご当主は義雄さん、奥様はキヌさん、ご長男は何と昌益さんと言います。

案内板まで戻ると、道路の向かいのお宅が安達家、昌益在世当時の弟子、安達清左衛門・清吉父子のご子孫の家柄で、りっぱな仏壇には昌益三回忌の際に合祀された昌益の戒名「堅正道因禅定《ぜんじょう》門」が記された位牌が残されています。安達家の少し先、羽後二井田郵便局の隣が一関家、昌益の高弟、一関重兵衛・市太郎父子のご子孫の家柄で、「石碑銘」、『掠職《かすみしょく》手記』といった昌益晩年の消息を伝える貴重な資料が大事に保管されていました。

大館市二井田の温泉寺にある安藤昌益の墓

二井田の集落の先に、こんもりとした杉木立に囲まれて曹洞宗巌松山温泉寺があります。門を入って参道のすぐ左手には「三界萬霊等回向《えこう》」と刻まれた石塔があり、その右手に「安藤昌益」についての案内板があります。案内板に沿って本堂の裏手に広がる墓地を行くと、視界が開けた一角の左手に安藤家の墓域があり、「安藤昌益の墓」と書かれた標柱が立っています。

昌益の墓は二基あって、左手の二〇センチほどの高さの硯《すずり》形の墓石には「宝暦十二年　十月十四日　空　昌安久益信士《しんし》　位」と戒名が刻まれていますが、現在では風化がはげしく、ほとんど読み取ることができません。右手の大きな将棋の駒形ないし幅広の卒塔婆《そとば》形の墓石は剝落がはげしく文字がほとんど残されていませんが、復元された墓碑銘によれば「堅勝道因士」と書かれた昌益の別の戒名が刻まれていたもののようです。

また、お寺には代々の「日別過去帳」が残されていて、「十四日」の分には「昌安久益信士　宝暦十二年　拾月《うまじゅうがつ》　下村《したむら》昌益老《ろう》」とあります。なお、この戒名は何と、貼り紙されたものの上に書かれていたもので、貼り紙の下にはもう一つの戒名である「堅勝道因士」という文字が書かれていたのです。また、ここにある「老」とは医師に対する敬称であるとされ、昌益がこの地で医師として尊敬されていたことを示唆しています。

昌益晩年資料の発見

今でこそ安藤昌益の生没地が大館市二井田贄《にえ》の里であり、生家がその地にある安藤家であることは、案内板に見られるように多くの人が認めていることですが、狩野亨吉の昌益「発見」

以来、一世紀近く昌益の生没地は歴史上の大きな謎でした。
昌益の誕生地については、著作の一部に「秋田城都の住」とあるところから、享吉をはじめとして秋田市を想定した研究者がおり、また、弟子筋に八戸出身の人が多いことから八戸が想定されたり、中には江戸出生説さえありました。先進的な思想は先進的な地からしか生まれないとする考えからです。

何しろ昌益は、戦前には一部で実在が疑われ、架空の人物と見られたこともあったくらい、謎だらけの人物でした。それが事実によってくつがえされたのは、七三（昭和四八）年から七四年にかけて、大館市史編さん事業の一環として、一関家の文書解読を担当した石垣忠吉《ちゅうきち》さんの手で昌益の晩年資料が発見されたことによります。

大館の市史編さん事業は七〇（昭和四五）年から九二（平成四）年まで、二〇年をかけて行なわれたもので、その成果が『大館市史』全五巻として今に残されています。石垣さんによる昌益発見についての論考は、七八（昭和五三）年三月に発行された第二巻「近世編」第三章に「二井田と昌益」と題され、収録されています。

石垣さんが発掘された昌益晩年の資料とは、「石碑銘」と題され全文が漢字四五〇字ほどで綴られた碑文と、後に石垣さんによって『掠職《かすみしょく》手記』と仮称された無題の半紙二つ折り、二六ページに細字で一件経過が書きつづられた文書の二点でした。

「石碑銘」は昌益没後二年目の明和元（一七六四）年六月に二井田村の昌益の門弟たちが建立した安藤昌益顕彰碑の碑文を書き写したもので、前半は顕彰碑によくあるように、昌益および代々「孫左衛門の家《え》」と呼びならわされてきた安藤家の来歴を記し、後半は昌益が常日頃、弟子たちに説いて聞かせていたであろう四季の運回と、それに基づく農の営み、さらには小宇宙である人体との照応関係を述べたものです。そして末尾には「宝暦十一年十月十四日　守農太神確龍堂良中先生在霊」とあり、昌益の命日と、「確龍堂良中」と号した昌益を農民たちが「守農太神」と尊崇した旨が記されています。

石垣忠吉氏

ただ、「石碑銘」には安藤昌益という四文字はなく、これを初めて見た石垣さんは「はてな、確龍堂良中とはどこかで聞いたことがあるが、誰のことだろうか」と思案投げ首だったことを後に回想されています。

それがある時、「そうだ、奈良本辰也さんが校訂された岩波文庫の『統道真伝』の著者が確か確龍堂良中とあったはずだ。とすると、安藤昌益のことになるが、それにしてもなぜ、昌益に関する石碑銘がここ大館に…」と、深まる謎に困惑されていたようです。

ところが、「石碑銘」発掘の一ヵ月後、こんどは、資料のつまった段ボールの中から『掠職手記』に突き当たります。この資料はもともと表紙もなく題もなく、いきなり本文が書き出さ

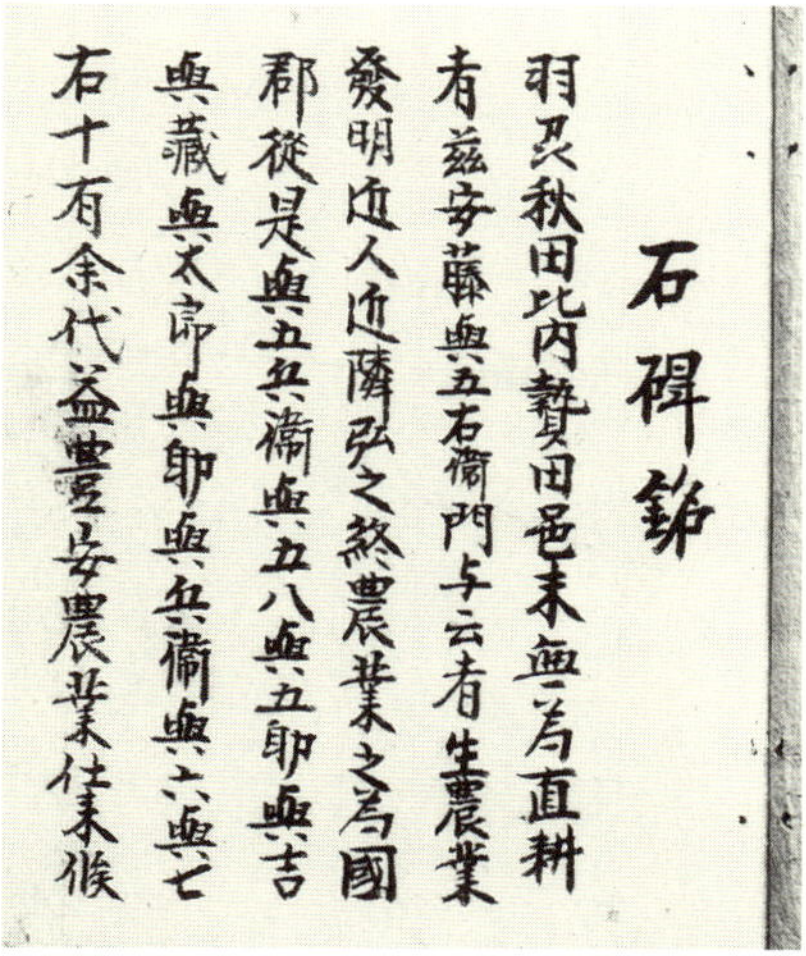
石碑銘

羽州秋田比内贄田邑未奥為直耕
有茲安藤奥五右衛門与云者生農業
發明近人近隣弘之終農業之為國
郡従是奥五兵衛奥五八奥五郎奥吉
奥藏奥太郎奥卯奥兵衛奥六奥七
右十有余代益豊安農業仕来候

「石碑銘」冒頭部分

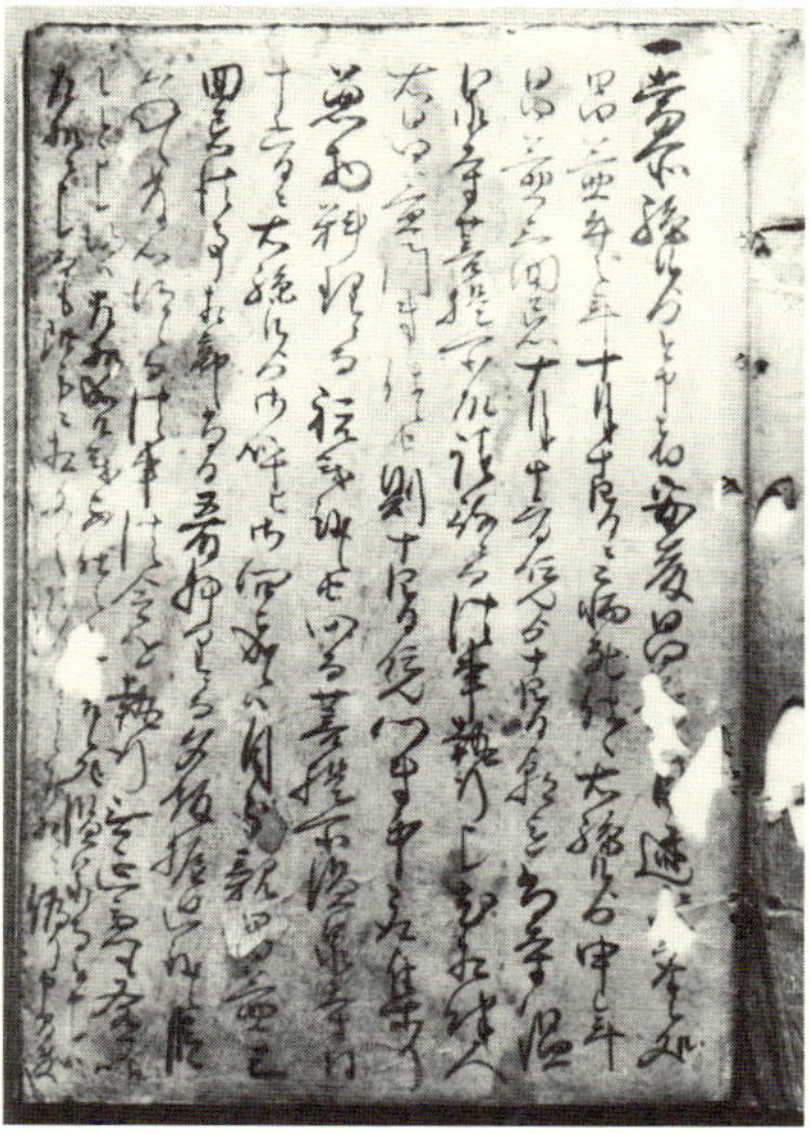
『掠職手記』冒頭部分

れていますが、冒頭からショッキングなものでした。「一　当所、孫左衛門と申す者、安藤昌益目迹《めあと》に御座《ござ》候処《そうろうところ》、昌益、午之年《うまのとし》十月十四日に病死仕《つかまつ》り候《そうろう》」とあったのです。そして読み進んでいくと、「温泉寺」ばかりではなく、「守農太神確龍堂良中」という「石碑銘」にあった神号まで出てくるのです。

石垣さんは二つの文書の符合から、石碑銘に記された守農太神確龍堂良中とは日本思想史上に有名な謎の人物、安藤昌益であること、その昌益がここ大館の地で亡くなったことを確信しました。それならば、菩提寺である温泉寺の過去帳にも記されているのではと思い至り、温泉寺の佐藤舜英住職に問い合わせ、過去帳に昌益の名を見出すとともに、安藤家の墓地にある昌益のお墓も確認されたのです。

七四（昭和四九）年三月二四日付の地元紙『北鹿新聞』に掲載された「昌益、二井田にねむる━石垣忠吉氏が解明」と題するスクープ記事は日本の歴史学界を震撼《しんかん》させ、その後の昌益研究に大きく貢献することになります。ただ、記事中の中見出しには「生まれは久保田（秋田）」とあり、本文中にも「久保田（秋田）で生まれたことが定説」などと書かれ、この時点では、昌益はまだ二井田生まれとは見られていませんでした。

ところで、「孫左衛門の家」と通称される安藤家は昌益直系の家にもかかわらず、何度も火災にあわれたとのことで、あいにく古文書の類はいっさい残っておらず、資料的に二井田生まれと確定することはできませんでした。が、いっぽう、安藤家には「先祖には昌益という名のえらい学者がいた。八戸へ行って医者をしていた」といった昌益にまつわる言い伝えがいくつも、代々語り継がれていました。また、石垣さんの発見に一七年も先立つ一九五七（昭和三二）年生まれの長男に、先祖にあやかって「昌益」と命名するなど、安藤家では昌益との強いつながりを示唆する状況証拠がいくつも残されていました。

なお、「石碑銘」に残された安藤家の系譜をたどっていくと、昌益とおぼしき孫左衛門から遡《さかのぼ》ること「四十二代、八百二十余年」前、安藤与五右衛門が大館盆地に入植し「農業を発明」した頃とは、ちょうど大館盆地で稲作農業が定着した頃と重なります。つまり「石碑銘」に綴られた安藤家の系譜は、言い伝えに基づくものとは言え、歴史的事実を踏まえたものである可能性が高いのです。その「石碑銘」に「宝暦十一年」に亡くなり、「守農太神」と讃えられた「孫左衛門」がこの地に「生まれ」とあるのですから、二井田は単に死没地であるばかりではなく、生誕地でもあったと認めてよいのではないでしょうか。

ところで、昌益の没年は、「石碑銘」と、その後に発見された「石碑銘写《うつし》」には「宝暦十一年」とあり、「過去帳」や墓石には「宝暦十二年」、『掠職手記』には「午《うま》の年（宝暦十二年）」

とあって、くい違いを見せています。なぜでしょうか。

農民たちの自立と昌益

石垣さんの「石碑銘」発見から六年、大館市史編さん委員会は「良中先生石碑銘写《うつし》 安藤昌益」と題する新資料を一関家の文書の中から見出します。内容は「石碑銘」とほぼ同じですが、ここには『掠職手記』にも出てくる二井田村の昌益の弟子たちの名前「〆《しめて》拾人」が「安藤良中先生門人」として列記されていました。一関重兵衛・同一太郎、安達清左衛門・同清吉・同吉太郎、中沢太治兵衛・同吉三郎、平沢専之助、中沢長左衛門、中山重助の一〇人で、肝煎《きもいり》や長百姓《おさびゃくしょう》を務めた村内の主立《おもだ》ちもおり、いずれも村の有力者です。

ところで、石垣さんが『掠職手記』と仮称した二六ページ綴りの文書には何が書いてあったのでしょうか。「掠職」とは一般に山伏とか修験と呼ばれる者のことで、「手記」とは明和元(一七六四)年一〇月一四日の昌益三回忌の命日から一一月一三日まで、約一ヵ月間の村方騒《むらかたそう》動《どう》の顚末《てんまつ》を、日を追って記した手控えです。

村方騒動といっても、一般的に言われるような村役人の不正や酷政を農民が摘発してお上に訴えるといったものではなく、昌益顕彰碑をめぐって引き起こされた村方での騒動という意味で、極めて特殊な、もしかしたら江戸時代を通じて唯一の特殊な事件かもしれません。なぜならば、掠職や温泉寺住職という村内の宗教的権威者・権力者のほうが、農民はけしからんと言ってお上に訴え、お上の権威を借りて農民を弾圧しようというのですから。『掠職手記』とは、いわば弾圧者側の尋問記録、検事調書と言ってもいいでしょう。

昌益顕彰碑をめぐる村方騒動といっても、顕彰碑の問題は口実にすぎません。騒動の本質は、二井田の農民が昌益の思想に触発されて食料生産者としての立場に目覚め、それまで寄進していた供物《くもつ》を、お寺や神社に届けなくなったため、このままでは経営が成り立たなくなってしまう、自分たちだけではなく子孫も食いぶちがなくなってしまう、寺社ともに潰《つぶ》れてしまう、という危機感から引き起こされたものです。

何としても農民たちの信心離れ、寺社離れを食い止め、昌益の影響力を払拭して従来どおり供物にありつきたい、生計を維持していきたい、という何とも身勝手な動機から出たものです。『掠職手記』では、当初、昌益の跡を継いだ孫左衛門が、昌益の三回忌の法要の後、精進落としに魚料理をふるまったことを咎《とが》めていましたが、それはきっかけにすぎませんでした。次いで昌益顕彰碑を取り上げ、「守農太神」という神号を勝手に使ったことや、石碑が掠職の管理地に割り込んでいたことを咎め出します。そして門人たちの謝罪を求めたかと思えば、門人たちを割り出すために名簿を出せとか、石碑の銘文の写しを出せとか言って、尋問がエスカレートしていきます。

ところが、農民側が村役人をも巻き込んで、のらりくらりと回答をしぶり、らちが明かないとなると、こんどは一転して泣き落としにかかり、本音を漏らします。『掠職手記』には、こうあります。

「近年、昌益当所へ罷《まか》り出で、五年の間に、家毎《ごと》の日待ち・月待ち・幣白《へいはく》・神事・祭礼等も一切無信心にて相止め、其の外、庚申《こうしん》待ち・伊勢講・愛宕《あたご》講抔《など》も相止め、只、拙者共は、祈願所・菩提所、名のみにて、是《これ》にて子孫の法行《ほうぎょう》相立ち申さず」と。

昌益が二井田に帰省してから五年間で無信心が広がり、各種の宗教行事が取り止めになって寺社が成り立たない、このままでは子孫も立ち行かない、と窮状を訴えます。そして、郷中が間に立って「法行並びに子孫の院事、相立ち申す定めに致し候《そうら》」えば、寺社経営を保障してくれるならば、お上に訴えることまではしなくてもいい、和解に応じようと言うのです。

とはいえ、当時の力関係から言って農民の側は圧倒的に不利な立場にあるわけですから、最終的には農民の側の敗北となり、顕彰碑と石塔は打ち壊し、孫左衛門家も打ち壊し、一家は追放の身、弟子たち一〇人も八木橋村の宝泉寺、笹館村の養牛寺、本宮《もとみや》村の本宮《ほんぐう》寺に預かりの身となることで、一件が落着します。

こうした過酷な尋問の中、弟子たちは「守農太神」の諡号《しごう》をどこから貰い受けたのかと問われたのに対して、そうしたものではなく「昌益存命の節、碑の銘（原本が虫喰いで原文の五、六字分が不明）」と回答します。原文が一部不明ですが、前後の文章から割り出すと、昌益が生前に石碑の銘文を書き残しておいたので、もったいないから石碑に使ったまでで、「捨て置き申し候《そうろう》も罷《まか》り成らずと心得、石堂に致し、立て置き申し候」というのです。

死人に口なし、卑劣でもなんでもなく弟子たちは、今生きている農民たちを大事にして、亡き昌益に責任を負わせたのです。であれば、昌益の命日は、公式記録である「過去帳」や墓石にある「宝暦十二年」ではなく、昌益の生前である「宝暦十一年」でなければ辻褄《つじつま》が合いません。「石碑銘」「石碑銘写」の日付が「宝暦十一年」とあるのはこのためです。

ここまでが石垣さんが見出した昌益晩年に関する二井田資料ですが、その後、秋田高専の高橋秀夫さんが同じ一関文書から見出した資料には、本件の後日談が記されていました。

それによると、孫左衛門一家の追放処分は実行されなかったもののようです。また、昌益の弟子の一人に能代《のしろ》の鶴形《つるがた》村から来た玄秀というお医者さんがいて、この人も孫左衛門と同じように郷払《ところばら》いの処分を受けたようですが、その後の研究で、玄秀についても村からの追放はなかったと見られる資料が出てきています。そして、玄秀は晩年には鶴形村に帰り医師としての生涯を全うしたと思われ、同地の海蔵寺の過去帳にその名が見えます。

また、家督を譲られた若勢《わかぜ》上がりの孫左衛門は、昌益の徳を慕って享和三（一八〇三）年頃、先に見た卒塔婆形の墓石を建立し、おそらくは自身の妻と子供二人か、家族とともに昌益こと「堅勝道因士」を合祀します。さらにその後、代替わりした温泉寺の住職から「昌安久益信士」の新たな戒名をもらい受け、過去帳に貼り紙をして新たな戒名に書き換えてもらうとともに、「昌安久益信士」と刻まれた硯形の墓石を建立したのです。

狩野亨吉―「大思想家」安藤昌益との出会い

昌益顕彰碑をめぐる村方騒動から四〇年、孫左衛門が家族とともに「堅勝道因士」こと昌益を合祀し、卒塔婆形の墓石を建立したちょうどその頃、享和三（一八〇三）年、紀行家の菅江真澄が二井田の地を訪れています。

そして、温泉寺を描いたスケッチを含む『贄能辞賀楽美《にえのしがらみ》（贄乃柵《にえのしがらみ》）』を残していますが、騒動についてはー言も触れていません。真澄自身が世をはばかって書き残さなかったものか、村人が触れるのを避けてあえて伝えなかったのかはわかりませんが、いずれにしても昌益の存在は記憶の彼方に、歴史の闇に埋もれてしまったかのようです。

そうした「忘れられた思想家」安藤昌益の存在を発見し紹介したのが、同じ大館出身の狩野亨吉だったことには歴史の因縁を感じざるをえませんが、ここではまず昌益にとっての大恩人、狩野亨吉について簡単にふり返ってみましょう。

狩野亨吉は、現在では安藤昌益の発見者として有名ですが、実は明治時代を代表する大教育者であり、大哲学者でもありました。『吾輩は猫である』の苦沙弥《くしゃみ》先生のモデルとされ、国民的作家・夏目漱石が「学長や教授や博士などより種類の違ったエライ人に候」と終生敬愛した人物です。漱石の死を看取り、葬儀の際は亨吉が弔辞を読むという、お互いに知己の間柄でもありました。

亨吉は、一八六五（慶応元）年、秋田藩の支城・大館城三の丸に、大館城代家老・狩野良知《りょうち》の二男として生まれました。兄は元吉《げんきち》、一八八六（明治一九）年、二九歳の若さで早逝したため、充分に活躍することなくあまり知られていませんが、秋田の自由民権運動の牽引者の一人として国会開設運動に奔走した人物でした。

父の良知（一八二九〜一九〇六）は陽明学者・佐藤一斎や大館ゆかりの塩谷宕陰《しおのやとういん》に学んだ漢学者として知られ、祖父の良安も室鳩巣《むろきゅうそう》に私淑した学問好きの家老、祖母の水子（美津子）は歌人として知られるなど、亨吉は学問好きの家風の下に育ったとも言えるでしょう。

元吉・亨吉の名も、儒教の古典『易経《えききょう》』冒頭の章句「元亨利貞《げんこうりてい》」に基づくものと思われます。

また、良知は幕末にあって開明的な立場から『三策』を著わし、東北游歴中の吉田松陰がその内容に感銘、自らの主宰する松下村塾《しょうかそんじゅく》から出版して開国論者・倒幕論者に影響を与えたことでも知られています。松陰の故郷、山口県萩市から一五〇〇キロも離れた大館の町（JR花輪線東大館駅前、大館神明社そば）に松下村塾があるのもそのためです。

良知の弟、亨吉の叔父・狩野旭峰《きょくほう》は、現在の『秋田魁《さきがけ》新聞』の前身、『遐邇《かじ》新聞』の主幹として活躍、明治初期の秋田を代表するジャーナリストとして知られています。

「帝大学長」から、後半生は「市井の人」として

亨吉は四歳の時、戊辰戦争の災禍を逃れるため、母に背負われて矢立《やだて》峠を越え津軽を経て能代へ落ちのび、その後、一家は秋田へ移住。以後、故郷・大館へ戻ることはありませんでした。

一八七四（明治七）年、父・良知が明治政府内務省に出仕したのにともない、七六年に上京、

麴町に移り住みます。

そして、番町小学校―府立一中―東京大学予備門を経て、東京大学理学部数学科へと進みます。数学科を卒業すると、こんどは同大学文学部哲学科に転入、卒業後は大学院に入りますが、九二（明治二五）年、第四高等学校の教授に招かれ、金沢に赴任します。そして熊本の第五高等学校教授を経て、九八（明治三一）年、第一高等学校校長に就任、名物校長として名をはせます。

昭和16年3月26日撮影（狩野亨吉遺文集より）

一九〇六（明治三九）年、京都大学初代文科大学長に就任、京都に移り住みますが、わずか二年で退官、以後は、東京の小石川に居を構え、雑司が谷・青柳町・音羽・大塚坂下と区内を転々、二三（大正一二）年、音羽町の自宅に「明鑑社　書画鑑定並びに著述業」の看板を掲げ、市井の人としての後半生を過ごします。

いわば、前半生は「坂の上の雲」を目指す明治期のエリートの一人として帝国大学学長という高みにまで上り詰めながら、一転して後半生は一介の鑑定士として、「坂の下」市井に隠れ住んだのです。教え子たちによる東北大学学長・東京市長（現在の東京都知事）・皇太子（のちの昭和天皇）の教育掛《かかり》への推挙といったものをことごとく断って、二度と公職につくことはありませんでした。

こうして亨吉は、気骨ある教育者、情に篤《あつ》い教育者として、多くの教え子たちに慕われ回想されますが、教え子たちばかりではなく、「真正の哲学者」（『人物画伝』）、「篤学と剛骨」（『人物評論　奇人正人』）といったかたちで、その生き方が共感をもって同時代人に迎えられ紹介されていたことも押さえておく必要があるでしょう。痛快なエピソードにもこと欠きません。

また、東北大学狩野文庫として今に残る稀代《きだい》の蔵書家として、日本科学史の開拓者として、具眼《ぐがん》の鑑定士として…さまざまな顔をもって歴史に名を残しています。

テレビ東京系列の番組『なんでも鑑定団』で一躍、骨董品ブーム、お宝ブームを巻き起こし、「いい仕事していますね」の名セリフで一挙にブレークした鑑定士ですが、真贋《しんがん》が問題になるのは、何も書画骨董ばかりではありません。

数年前、『毎日新聞』のスクープで「神の手《ゴッドハンド》」自身による捏造が暴露され、日本史教科書の書き換え問題にまで発展、日本の考古学界を震憾させた旧石器発掘捏造事件を例に出すまでもなく、学問上の大きな問題でもあります。

具眼の鑑定士としての亨吉が戦前、神代《じんだい》文字で綴られたとされる「竹内文書」の一字一句を逐一検討して、同文書が現代人の手になる偽文書であることを証明してみせた「天津教古文書《あまつきょうこもんじょ》の批判」はくり返し、ふり返ってみる必要がありそうです。

なぜならば、つい最近も、現代人の手になる偽書『東日流《つがる》外三郡誌』が多くの古代史ファンに迎えられたように、偽書・贋作が人々の眼を曇らせ、あざむく事件が後を絶たないからです。

日本科学史の開拓者としては、和算家・関孝和《たかかず》、天文学者・志筑忠雄《しづきただお》、重商主義者・本多利明《としあき》の発掘や、『日本科学古典全書』の編纂にたずさわったことなどが思い起こされます。

亨吉のもとに持ち込まれた大著『自然真営道』

日本科学史の開拓者としての狩野亨吉の最大の仕事は、何といっても「いのちの思想家」安藤昌益の発見と研究、紹介ということができるでしょう。昌益との出会いは、亨吉の後半生の生き方さえも変えてしまったのです。

一九〇八（明治四一）年一月、狩野亨吉は一高時代の教え子の一人、倉敷出身の木山熊次郎が主宰する教育関係の雑誌『内外教育評論』第三号に、某文学博士の談話という形で安藤昌益について発表します。題して「大思想家あり」。「忘れられた思想家」安藤昌益の日本史上へのデビューです。

亨吉はここで「自分は暇があれば、日本の文明史とまでは行かぬが、日本国民の知力発展史を研究してみたいと思」い、徳川時代に焦点を合わせて研究するうちに、数学や天文学といった分野には、関孝和や志筑忠雄のように偉い人間がいることを確認して安心したと言っています。そして、哲学的方面では「日本で唯一の又大なる哲学者ともう云うべき人物がある」として昌益を紹介し、「人物性行というのかネ、其《そ》れが能《よ》く分からん、それを知りたいのだ」として、昌益の身元調査への協力を訴えています。

亨吉の意を受けて、談話を記事化した木山熊次郎も昌益の身元調査への協力を、談話の前書きや末尾、また雑誌冒頭の「編輯《へんしゅう》だより」でも、くり返し訴えています。何としても昌益についての情報を得たいという二人の強い思いが感じられます。わずか二ページ半の短い紹介記事で、『自然真営道《しぜんしんえいどう》』という書物の名前と、「互性活真《ごせいかつしん》」とか「自然世《しぜんせい》」といった独特な用語と思想の概要、やっとのことで判明した著者の名前が「安藤昌益」であることを紹介したものの、見出しの一つに「知られざる大思想家」とあるように、博学で知られる亨吉にとっても、昌益はまさに謎の人物だったのです。

亨吉と昌益との出会いは、『内外教育評論』での紹介をさかのぼること約一〇年、一八九九（明治三二）年の頃だと言われています。亨吉三五歳、第一高等学校校長に就任してまもなくのことです。蔵書家として知られる亨吉のもとへ、本郷森川町（現在の東大正門前の一角）の古書肆《こしょし》・田中清造《きよぞう》（喜代造）から、『自然真営道』と題する一〇一巻九三冊の大著が亨吉のもとに持ち込まれ、購入したものです。狩野先生だったら、訳の分からないこんな本でも買い取ってくれるだろうとの期待があってのようです。

同書は奥州街道の玄関口、千住宿《せんじゅしゅく》の穀物問屋「藁屋《わらや》」橋本律蔵《りつぞう》（一八二四〜八二）が旧蔵していたもので、律蔵の死後、蔵書の一切が律蔵の知人で江戸時代から続く浅草の古書店、浅倉屋・吉田久兵衛に買い取られ、その後、内田天正堂という人物を経て、田中清造の手に渡ったとのことです。

〝トンデモ本〟から、生涯通しての昌益研究へ

同書に目を通した亨吉は、独特の用語や破天荒な物言いに当初は戸惑いを隠せず、今でいうトンデモ本の一種と思って「狂人研究の参考にも」と、日本精神医学の開拓者で医学博士の呉《くれ》

秀三《しゅうぞう》に数年間貸し出していたとのことです。

ところが「或時《あるとき》、フト思いつく事があって」再び取り寄せ、読み直してみると、今まで難解だと思われた昌益の文章が「追々《おいおい》と読めるように」なったようです。狩野亨吉研究の第一人者、名古屋経済大学元副学長の鈴木正さんの示唆によれば、あるときふと思いついたとは、一九〇五（明治三八）年、隣国ロシアで勃発した第一次革命の衝撃だったのではないか、とのことです。

呉秀三に貸し出して数年間といえば、亨吉が『自然真営道』を購入した一八九九年から数年後の一九〇四、五年頃にあたります。当時の日本社会は、明治維新―産業革命を経て資本主義が発展する一方で、田中正造による天皇への直訴事件で知られる足尾銅山鉱毒問題が深刻化し、足尾銅山や別子銅山でストライキが勃発するなど、資本主義の矛盾が露わになってきた時代状況にありました。

また、対外的には日清戦争の勝利を受けて、義和団事件鎮圧のための中国への派兵、朝鮮の植民地化の拠点としての韓国総督府の設置など、「坂の上の雲」ならぬ帝国主義化がますます強化される時代でもありました。

そうしたなか、日露戦争（一九〇四～〇五）を前に、日清戦争時の主戦論を自己批判して内村鑑三が非戦論を展開、反戦詩「君死に給《たま》ふことなかれ」を雑誌『明星』に発表した与謝野晶子に対して、歌人の大町桂月が「乱臣賊子」〝非国民〟であると非難したり、在野の反権力的な新聞『万朝報《よろずちょうほう》』が戦争支持にまわったため、幸徳秋水・堺利彦らが抗議して退社、新たに平民主義・社会主義・平和主義を掲げて『平民新聞』を発刊したりと、知識人の間では戦争への対し方をめぐってさまざまな議論が交わされていました。

そうして人々の耳目がロシアに向かうなか、近代ジャーナリズムの成長過程にあった新聞各紙は日清戦争以来、従軍記者による戦争報道が活発化、日露戦争においても、特派員を現地に派遣しロシア国内の情勢を時々刻々と報道します。一九〇五（明治三八）年一月の血の日曜日事件、六月の戦艦ポチョムキン号の反乱事件を経て、同年一一月、首都サンクトペテルブルグでは、ゼネストを背景に労働者ソヴィエトが国会開設を迫ります。帝政を倒すまでには至りませんでしたが、一九一七年の「世界を震憾させた」労農政権・社会主義政権の樹立―第二次革命に先駆けた、第一次ロシア革命と呼ばれる事態の発生です。

こうした事態を目にし耳にした亨吉の脳裏には、昌益の破天荒な物言いが甦ったのかもしれません。また、若き日に共感したフランス革命が重なって見えたのかもしれません。

いずれにせよ、世界は権力の座にある皇帝《ツァーリ》のものではなく、日々額に汗して働く労働者・農

毎月一回八日發行

内外教育評論

第參號

四十一年壹月八日發行

重要記事

社説　○文部省人事局　○教育雜誌記者倶樂部

論説　○品性修養の心理的基礎……元良勇次郎　○教育界の問題に就て……鎌田榮吉　○一生の期間……中西牛太郎　○教育の行はるゝ時期に就て……田中義能

雜録　○大思想家あり……某文學博士　○兒童の發達……不孤生解説　○社會の北征……吉田貞一　○見聞録

社告　○義務年限延長實施に關する研究論文を募集す

教授管理　○中等教育雜感……高林璞蔵　○小學校教授私見……北島竹之助　○聯算の教授に就て　○教授の統括……柴田正治

講話　○類人猿……蛭尾秀實　○數の速算法……根津千治

訪問　○教育雜感……久保田讓男　○反對する理由……曾我祐準子

海外事情　○獨乙通俗圖書館……内田總　○歐米教育制度の研究……田所美治

發行所　東京赤坂區青山原宿八十六番地　内外教育評論社

『内外教育評論』第三号表紙

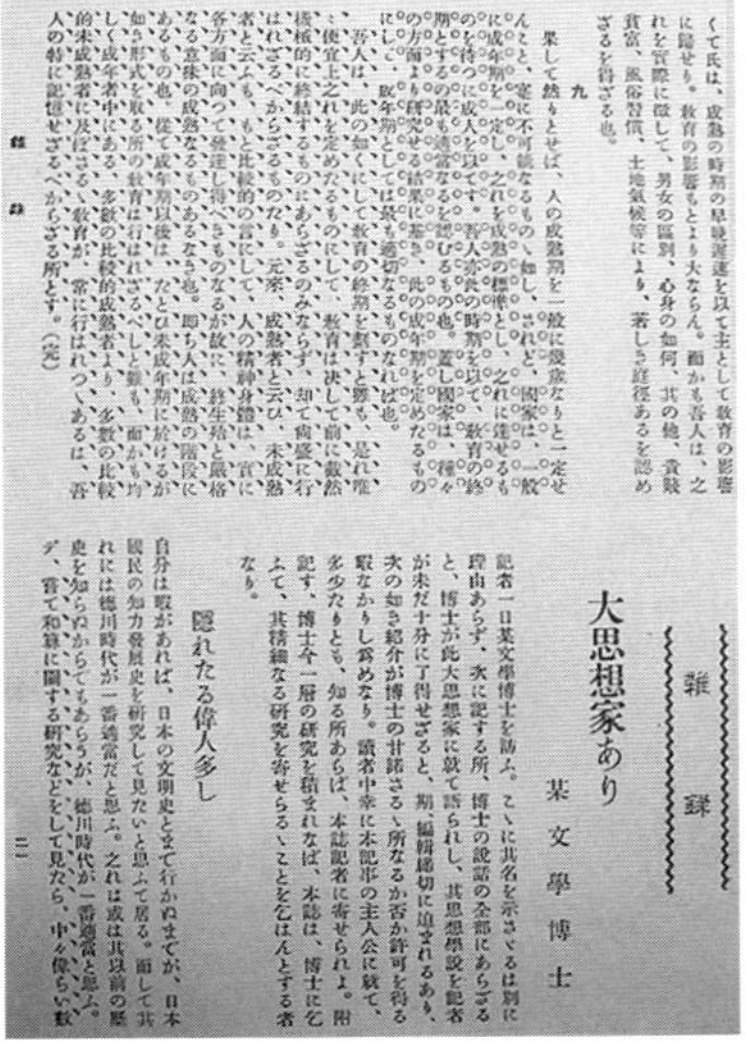

くて氏は、成熟の時期の早晩遲速を以て主として教育の影響に歸せり。教育の影響もとより大ならん。而かも吾人は、之れを實際に徴して、男女の區別、心身の如何、其の他、貴賤貧富、風俗習慣、土地氣候等により、著しき逕庭あるを認めざるを得ざる也。

九

果して然りとせば、人の成熟期を一般に漫然なりと一定せんこと、寔に不可能なるもの、如し。されど、國家は、一般に成年期を一定し、之れを成熟の標準とし、之れに達せるものを待つに成人を以てす。吾人亦此の時期を以て、教育の終期とするの最も適當なるを認むるもの也。蓋し國家は、種々の方面より研究せる結果に基き、此の成年期を定めたるものにして、成年期としては最も適切なるものなれば也。

吾人は、此の如くにして教育の終期を劃すと雖も、是れ唯ゞ便宜上之れを定めたるものにして、教育は決して前に截然機械的に終結するものにあらざるのみならず、却て尚盛に行はれざるべからざるものなり。元來、成熟者と云ひ、未成熟者と云ふも、もと比較的の言にして、人の精神身體は、實に各方面に向つて發達し得べきものなるが故に、終生殆と嚴格なる意味の成熟なるものあるなき也。即ち人は成熟の階段にあるもの也。從て成年期以後は、たとひ未成年期に於けるが如き形式を取る所の教育は行はれざるべしと雖も、而かも均しく成年者中にある、多數の比較的成熟者より、多數の比較的未成熟者に及ぼさるゝ教育が、常に行はれつゝあるは、吾人の特に記憶せざるべからざる所とす。（完）

雜録

大思想家あり

某文學博士

記者一日某文學博士を訪ふ。こゝに其名を示さゞるは別に理由あらず、次に記する所、博士の談話の全部にあらざると、博士が此大思想家に就て語られし、其思想學説を記者が未だ十分に了得せざると、期、編輯締切に迫まれるあり、次の如き紹介が博士の甘諾さるゝ所なるか否か許可を得る暇なかりし爲めなり。讀者中幸に本記事の主人公に就て、多少たりとも、知る所あらば、本誌記者に寄せられよ。附記す、博士今一層の研究を積まれなば、本誌は、博士に乞ふて、其精細なる研究を寄せらるゝことを乞はんとする者なり。

隱れたる偉人多し

自分は暇があれば、日本の文明史とまで行かぬまでが、日本國民の知力發展史を研究して見たいと思ふて居る。而して其れには徳川時代が一番適當だと思ふ。之れは或は其以前の歴史を知らぬからでもあらうが、徳川時代が一番適當と思ふ。デ、嘗て和算に關する研究などをして見たら、中々偉らい數

雜録　二一

『内外教育評論』第三号本文「大思想家あり」

民のものだということを事実をもって示したロシアの事態は、「直耕《ちょっこう》」する農民の代弁者として、「不耕貪食《ふこうどんしょく》」する「聖人」を「国の虱《しらみ》」だと言って、口を極めて糾弾する昌益の物言いをそのまま裏書きしているかのように、亨吉には映ったのではないでしょうか。

『自然真営道』を再び手にして、おいおいと読めるようになった亨吉は、本格的な昌益の研究に取り組みはじめます。そして三年、『内外教育評論』での歴史的な発表になったのです。

関東大震災で一〇一巻、灰燼に帰す

木山熊次郎の協力を得て、『内外教育評論』で昌益について紹介したものの、亨吉が期待した昌益の身元調査は遅々として進みませんでした。

そうした中、一九一七（大正六）年、文部省で全国中学校長会議が開かれ、それに合わせて東京帝国大学文科大学が、参加した校長たちを招待するということがありました。元校長であった亨吉も招かれ出席したところ、呉秀三の従弟で歴史学者の箕作元八《みつくり》から亨吉に、『自然真営道』についての質問があったようです。

その話を聞いた哲学者で東大教授の井上哲次郎が興味を示し、大学で謄写本を作成して保管したらどうかとの提案があったものの、謄写料が高くつき、この話は立ち消えになったとのことです。

その後、民本主義を唱え大正デモクラシーの論客として知られる帝大教授・吉野作造から大学で買い取りたいとの話が出されました。そのため「自分の目の黒いうちは決して手放さない」と言っていた亨吉もとうとう折れたと見え、一二三（大正一二）年三月、『自然真営道』は帝大図書館の収蔵するところとなりました。狩野亨吉という個人の蔵書ではなく、日本国家の責任で手厚く保護・管理されるはずでした。

ところが皮肉なことに、その年の九月一日、悲劇が首都東京を襲います。神奈川県相模湾沖を震源地とする巨大地震、関東大震災です。

関東大震災の際の地震の規模はマグニチュード七・九、二〇一一年三月の東日本大地震の九・〇よりは小さいものの、死者・行方不明者は一〇万人を越え、日本災害史上でも最大級の惨事となりました。とりわけ「帝都」東京は地震による家屋の倒壊ばかりではなく、炎が街をなめ尽くし、死者・行方不明者の数は七万人を越えました。

『自然真営道』を収蔵したばかりの帝大図書館も火の海に包まれ、世界に一セットしかない貴重本、『自然真営道』一〇一巻九三冊は、亨吉の手を離れたばかりに灰燼《かいじん》に帰《き》してしまったのです。亨吉の悲しみと後悔がないまぜになった落胆ぶりはいかばかりだったでしょう。

翌年四月一日発行の雑誌『改造』四月特別号に掲載された文筆家・内田魯庵《ろあん》の「典籍の廃墟」は、震災で灰燼に帰してしまった書籍を追憶した文章ですが、亨吉の洩らした言葉として次のような記述があります。「大東大文庫八十萬冊も要するに枯骨の墳墓であったが、独り『自然真営道』に到っては、眠れる獅子の生き乍《なが》らにして火葬されたようなものであった」と。

そして、魯庵も亨吉の慨嘆に呼応するかのように、「昌益の経歴は一切秘密に包まれておる。

猶更《なおさら》、此の貴重な『自然真営道』自筆稿本が失われて了《しま》っては、昌益の名は永久に我が思想史のスフキンクスであるかも解らん」と、結んでいます。

焼失免れた「一二巻」の奇跡

ところが、捨てる神あれば拾う神あり、禍福は縄のあざなえるが如《ごと》し、と言われるように、実は奇跡とも思える事態が待っていたのです。一〇一巻九三冊、全巻が焼失してしまったと思われた『自然真営道』ですが、何と歴史学者で東大資料編纂掛長の三上参次《さんじ》が大震災の五年前の八月頃、亨吉の元から一二冊を借り出していて、焼失を免れていたことが判明したのです。震災から六年後の二九（昭和四）年、秋のことでした。

しかも、焼失を免れた一二冊の中には、昌益晩年の思想的到達点を示す「大序《だいじょ》」巻や、動物の口を借りて社会を批判したユニークな「法世《ほうせい》物語」巻、総目録でわざわざ「眼燈の書」と特筆され、昌益一門による全国集会の記録と世直し案が収録された「真道哲論」巻、といった最も貴重な三巻が含まれていたのです。

それればかりではありません。おそらくは命に代えてでも守り抜きたかったはずの貴重本『自然真営道』を永久に失ってしまったと思って失意のドン底にあった亨吉を、まるで励ますかの

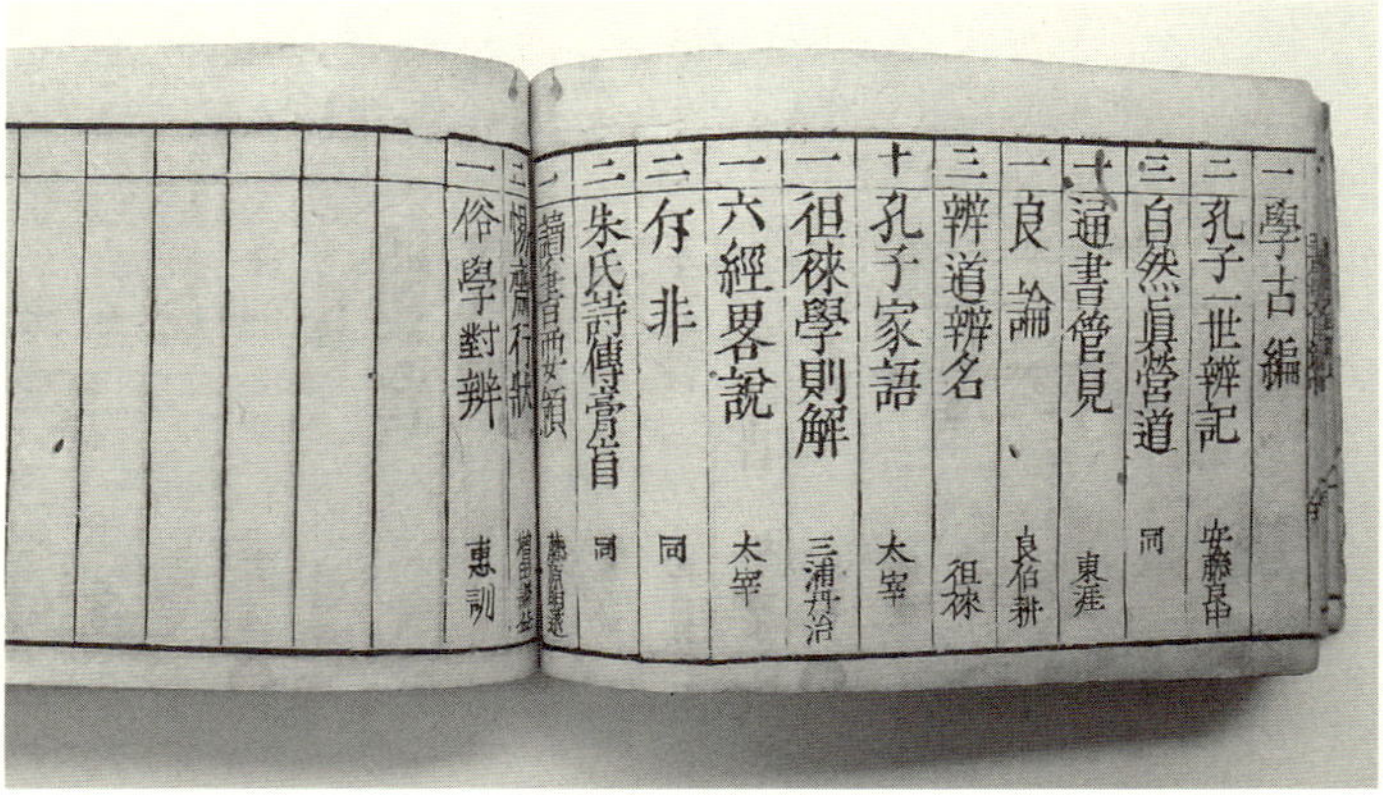

宝暦４（1754）年発行の『新増書籍目録』の本文見開き

ように、また昌益に関する唯一の発信源である亨吉に吸い寄せられるかのように、震災後は亨吉のもとに昌益についての貴重な情報が次々と寄せられるようになります。

いや、情報ばかりではなく、それまでは思いもよらなかった昌益の原典までが、情報とともに亨吉のもとに集まってきたのです。

日付は定かではありませんが、まず「大震災後の或日《あるひ》」、福岡高等学校教授で文学士の浅井虎夫から、宝暦四（一七五四）年に発行された『新増書籍目録』の中巻に「孔子一世辨記　二冊　安藤良中　自然眞營道　三冊　同」という記載があるとの報告が、亨吉のもとに寄せられました。

『自然真営道』の内容から推して、まさか出版されたものがあるとは思えなかったにもかかわらず、実際に出版されたものがあったこと、また「確龍堂良中」とは「安藤昌益」ではないかと亨吉が推察していたことが、「安藤良中」という著者名で確認されたことなど、収穫の多い情報でした。

そして亨吉は、翌二四（大正一三）年の暮れ、下谷《したや》の吉田書店から『自然真営道』第三五〜三七「人相視表知裏」巻三冊の写本を、翌々二五（大正一四）年の五月、上野黒門町の文行堂書店からは『統道真伝《とうどうしんでん》』四巻五冊を入手します。

こうしたことに励まされてでしょうか、亨吉は二八（昭和三）年五月、岩波講座『世界思潮』第三冊に「安藤昌益」を発表します。そして、「大地の宗教」を唱え、亨吉のもとに寄宿し亨吉とともに昌益研究を進めていた渡辺大濤《だいとう》（一八七九〜一九五八）が、三〇（昭和五）年一一月、木星社書院から『安藤昌益と自然真営道』を出版します。

亨吉の「安藤昌益」は本文わずか二四ページという小品でしたが、昌益研究の中でも珠玉の論文として今でも読み継がれています。

いっぽう、大濤の著書は、新発見の『統道真伝』や前年に再発見された『自然真営道』一二冊から多くの引用を行ない、昌益の肉声を直接人々に届けたこと、亨吉に代わって『自然真営道』発見のいきさつや、昌益の人物像にまつわるさまざまなエピソードを紹介したことから、

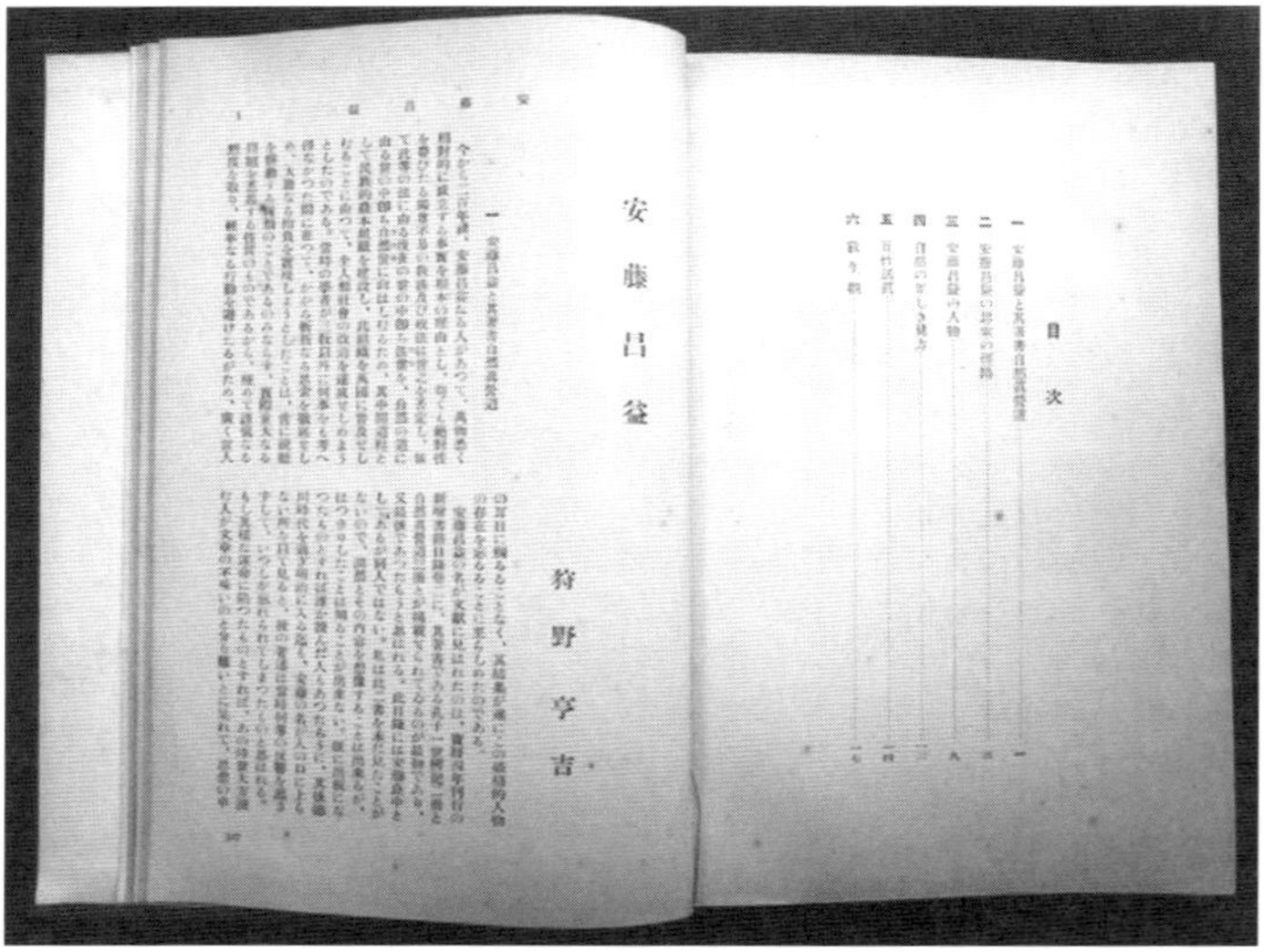

岩波講座『世界思潮』第３冊本文

「忘れられた思想家」安藤昌益の全体像を紹介した戦前唯一の単行本として、当時の読書人に広く迎えられました。

狩野亨吉の昌益論とその後

文章に遺《のこ》すことを極端に嫌ったと言われる亨吉は、安部能成が戦後に編んだ唯一の著作集『狩野亨吉遺文集』にしても、新書版一冊分にしかなりません。亨吉に後半生の生き方を変えさせるほどの影響を与えた昌益についての文章も、先に見た『内外教育評論』の談話「大思想家あり」と大森金五郎の聞き書き「狩野博士とその珍書」、そして岩波講座『世界思潮』に掲載された「安藤昌益」の三つしかありません。わずかとは言え、ここには亨吉の昌益論が凝集しています。

亨吉が当初『自然真営道』を「狂人」の手になるトンデモ本と判断していたものの、のちに昌益を「日本の国土が生んだ最大思想家にして、世界史上にも特筆すべき人物ではあるまいか」と評価が一八〇度転換したのは、第一次ロシア革命によるインパクトではなかったかと先に指摘しておきましたが、実は一九〇五年にはもう一つ、世界史上の重大事件が起こっていたのです。アインシュタインの「特殊相対性理論」の発表です。

亨吉は、「大思想家あり」でも「安藤昌益」でも、「互性活真」という言葉を昌益思想の基本中の基本用語として取り上げています。そして、近代哲学の父とも呼ばれるデカルトの「我思う、故に我あり」という章句が唯心論的に解釈されることを批判し、「我あれば彼がなければならない」として昌益の「互性活真」を対置し、「安藤の到達し得たる思索の極致」「究竟《きゅうきょう》的立場」と高く評価しています。

そして、その意味するところを「一切の事物は相対して成立すると云う事」「事物の相対性」と解いています。ちなみに亨吉は、「安藤昌益」の中で「近頃、物理学者は総《あら》ゆる現象の根本形式なる運動の相対性を的確に把え得て、其《その》論法を透徹し」と、明確にアインシュタインの相対性理論に言及しています。

つまり亨吉は、一九〇五年に起きた世界史上の二大事件、政治社会史上の大事件である第一次ロシア革命と、自然科学史上の大事件であるアインシュタインの相対性理論を手にし背景にして、それまで難解だった昌益の書が「追々《おいおい》と読めるようになった」というのです。昌益の書、『自然真営道』に綴られた世界は、亨吉にとってそれほど破天荒かつ時代を超えたものだったということなのかもしれません。

「天地自然の法則」からの世直し論に注目

では、亨吉の「安藤昌益」論を具体的に見てみましょう。全体は六章からなり、一、安藤昌益と其《その》著書自然真営道、二、安藤昌益の思索の経路、三、安藤昌益の人物、四、自然の正しき見方、五、互性活真、六、救世論となっています。

一では、亨吉と昌益との出会いや、『自然真営道』の概要、昌益の歴史上の位置などに触れ、二では、義民の代表格である佐倉宗五郎《さくらそうごろう》（一六五〇年頃）や、昌益と同時代の宝暦期に起きた郡上一揆を例に、「偽善にして蟲《むし》の良い輩《やか》ら、不公平にして横暴を振舞う族《やか》ら等」が跋扈《ばっこ》し、「世間に不合理なることが広く行わるるを見て」、「社会の改造を思立つに至った」として、昌益が晩年、世直し――「救世論」を構想するようになった背景や、昌益の物の考え方を紹介しています。

　三では、『世界思潮』出版当時、日本共産党に対する大弾圧事件（三・一五事件）や張作霖《ちょうさくりん》爆殺事件が引き起こされ、治安維持法が施行されるなど、天皇制ファシズムが強大化するといった困難な時代状況に配慮しながら、昌益がいかに常識をわきまえた平和愛好家であったかという点の解明と、弟子たちについての紹介をしています。

　四では、昌益の著書に頻出する「自然」という語について、五では、その「自然」界の法則、見方において昌益が見出した「互性活真」について詳説し、最後に六では、昌益の世直し論―「救世」論が「救生」論であることを論じて、本稿を閉じています。

　亨吉による昌益論の特徴は、「我《わが》道には争いなし、吾《われ》は兵を語らず、吾は戦わず」という平和主義者、安藤昌益による世直し論に焦点を当てたものであり、昌益の世直しが義憤にかられた時務的・時局的なもの、「政略的卑劣なもの」ではなく、天地自然の法則にかなった必然のものであることを解明した点にあります。

　曰く、「唯《た》だ、足食救生を喚《さけ》ぶのみである。帰農を勧《すす》むるのみである。直耕を尚《たっと》ぶのみである」と。

こうした狩野亨吉による「安藤昌益」の紹介と、それに続く渡辺大濤の『安藤昌益と自然真営道』の出版を受けて、秋田の地でも昌益への関心が高まります。

まず、五・一五事件で右翼の凶弾に倒れた木堂《ぼくどう》・犬養毅《いぬかいつよし》首相の側近としても活躍した能代出身のジャーナリスト、温軒《おんけん》・鷲尾義直が『秋田新聞』で「本県の産める思想界の巨人安藤昌益翁『自然真営道』を読みて」と題し、上・中・下の三回にわたって昌益紹介文を連載します。

それを皮切りに、『木堂雑誌』に渡辺大濤の寄稿を仰ぐなど、『秋田県人雑誌』や『木堂雑誌』誌上で積極的に昌益とその著書についての紹介を行ないます。なお、『秋田県人雑誌』には、その後も木村謹治が「偉い安藤昌益」と題した文章を寄せています。

また、秋田の産んだ偉大なジャーナリストにして近代的経営者としても傑出した安藤和風《はるかぜ》は、自身が社長を務めていた『秋田魁新報』紙上で平田篤胤《あつたね》・佐藤信淵《のぶひろ》とともに昌益を取り上げ、「出来得る丈《だけ》、後世に伝えたきもの」と高く評価、その後も『秋田の土と人』と題して単行本化したり、『秋田人名辞書』でもわずかですが、昌益を取り上げています。

また、農民組合の実践や、ペルシャの詩集『ルバイヤット』の翻訳などで知られる堀井梁歩《りょうほ》が、自身の主宰する月刊『大道』紙上で、当時東北を襲った昭和の大凶作と重ね合わせ、「不《ふ》耕貪食《こうどんしょく》の徒《と》」を弾劾してやまない昌益への共感を示したり、初代秋田市長・小泉吉太郎の女婿、小泉秀之助が上京した際、狩野亨吉を訪問し、昌益について質問をするなどといった動きがありました。

が、限られた資料でやむを得なかったこととはいえ、亨吉の説く「出羽國久保田即ち今の秋田市の人」という出生地にかかわる誤った理解に災いされてか、芳しい情報提供、目立った反応は見られなかったもののようです。

昌益と大館、秋田を資料的に結び付けることは、それから約四〇年後、一九七四年の石垣忠吉さんによる二井田資料の大発見まで待たなければならなかったのです。

安藤昌益の人物像

同時代人が伝える昌益の人となり

狩野亨吉が「狂人」から「世界史上に特筆すべき人物」へと、昌益評価をコペルニクス的に転換させたことは、すでに見てきたところです。いっぽう、昌益のインパクトによって、「坂の上の雲」を目指してエリートの階段を駆け上っていた亨吉自身が、自らの生き方をコペルニクス的に転換させ、後半生を一市井人として生きたこともまたよく知られた事実です。

亨吉は昌益の著作を読み込み、昌益を研究する中で、昌益という人物への信頼が確固たるものになり、いわば昌益に惚れこんで生き方を変えてしまったのです。

亨吉は、昌益が信頼に足る人物である旨を「安藤昌益」の三「安藤昌益の人物」中で、三点ほど挙げています。第一点としては「常識を備えている」こと、第二点としては「諧謔《かいぎゃく》の余裕を持っていた」こと、第三点としては「温和柔順なる人であった」ことです。

そして、第一点に関連しては、出版に際しての時代的配慮や愛国心を挙げ、第三点に関連しては、昌益が理想とした人物が歴史上のいわゆる英雄豪傑―武人ではなく、曾参《そうしん》や陶淵明《とうえんめい》といった文人であったこと、また南部八戸藩のお側医《そばい》であった神山《かみやま》仙確をはじめとして多くの門人がいたこと、などなどを挙げ、昌益が「狂者ならざるを信ずるに至った」というのです。もっともな推論であり、亨吉ならではの評価と言えるでしょう。


では、明治人・狩野亨吉の推論ではなく、同時代の人は昌益をどのように見ていたのでしょうか。昌益は膨大な著作を残しましたが、自らを語ることをせず、また、その人となりを伝える同時代人の文章もきわめてわずかしかありません。わずか五点ですが、今に残る資料をもとに、亨吉が惚れ込んだ昌益の人となりをしのんでみましょう。

まず、先に見た『掠職手記』がその一つで、昌益が二井田に帰省してからわずか五年の間に、掠職が「一村潰《つぶ》れ」を懸念するほどの影響力を村人に与えたということからすれば、きわめて影響力の大きな、ある意味ではカリスマ的な側面を持つ人物だったことがうかがえます。

そうした側面を裏書きするような文書が一つ残されています。八戸の旧家・神代《かこみ》家に旧蔵されていた『詩文聞書記《もんじょき》』と題する天聖寺《てんしょうじ》第九代住職・延誉《えんよ》上人が綴った交友録、備忘録で、延享《えんきょう》元(一七四四)年一二月、昌益が天聖寺で数日間、講演を行なった際の感想が、昌益の戯《ざ》れ歌や漢詩風の草稿の写しとともに綴られています。

「数日講筵《こうえん》の師、大医元公《だいいげんこう》昌益、道の広きこと、天外にも猶《なお》聞こえん、徳の深きことを顧みれば、地徳も尚《なお》浅し。道・徳、無為にして衆人に勧め、実道に入らしむること、古聖にも秀でたらん者なり」と。

つまり、昌益大先生は教養が豊かで徳が高く、人々を無意識のうちにも導いてくれる感化力の強い方、古《いにしえ》の聖人をしのぐほどの人物だ、というのです。

いっぽう、八戸藩の公式記録『藩日記』延享元年八月十五日の条には、昌益の別の側面、謙虚で私心のない人柄をしのばせるエピソードが残されています。

それによれば、八戸南部氏の遠祖《えんそ》である遠野《とおの》南部氏は例年、櫛引《くしびき》八幡宮に流鏑馬《やぶさめ》を奉納していましたが、そのため来八した射手三名が急病になったので、町医者の昌益に治療を命じたところ、治療の甲斐あって回復、金百疋《ひゃっぴき》を下賜《かし》したものの、藩命だからといって受け取りを固辞したというのです。

また、南部・三戸《さんのへ》出身の江戸下町の名医で、今に続くロングセラー、谷文晁《ぶんちょう》の画集『日本名山図会《ずえ》』の出版者としても知られる川村寿庵《じゅあん》（一七二〇〜一八一六）は、『医真天機』という医書を残していますが、その中に昌益についての目撃譚《たん》とでもいうべき記述があります。「近時、良中子《りょうちゅうし》なる者有り。持論、千古に卓越す……其の識、高明の人なりと雖《いえど》も、道に隠《かく》る所有り、言《ことば》に尽さざる有り」と。

つまり、近ごろ、良中先生（安藤昌益）という方がおられ、その医学理論は歴史上に傑出したもので…知識も豊富だが、生き方が控えめで、用語も独特で難解、分かりにくい点が困りものだ、というのです。

農民尊ぶ無私の人

最後に、昌益の高弟、八戸藩のお側医で、稿本『自然真営道』一〇一巻、九三冊を浄書したと見られている神山仙確（一七二〇～一七八三）による昌益像を見てみましょう。仙確は昌益没後、「安藤昌益遺稿全集」として稿本『自然真営道』を編集しましたが、総論ともいえる『大序』巻の第一六項は全文が仙確による昌益への弔辞・追悼文ともいうべきもので、昌益の「為人《ひととなり》」を伝えて余すところがありません。

　要点を抜き出して、書き下し文でじかに見てみましょう。

「良子《りょうし》（良中先生）は我が師なり。良子には師無く、弟子無し。人、道を問えば答え、私を問えば答えず。故に吾《わ》れ、道を問いてその答えを採《と》りて、もって之《こ》れを師となす…其《そ》の人相（身体つき）、高からず卑《ひく》からず、面貌（顔立ち）、不美・不醜にして…常に直耕を尊びて忘れず…后世《こうせい》に真道を知らしめ、永く無盗・無乱・安平の世と成さんことを希《ねが》いたり…之れを以《おもんみ》て真営道の書を綴ること、数十歳なり。

　常の業行は薄食にして、朝夕の飯汁の外《ほか》、凡《すべ》て別物を食《くら》わず、酒を飲まず、他女を犯さず。道に当らざれば問えども答えず、世の為、道の為には問うを俟《ま》たずして之れを言い、片時《かたとき》も無益に居らず、真道を働きて怠らず。

　人を誉《ほ》めず、他を謗《そし》らず、己《おの》れを慢《まん》せず、自ら卑《ひく》しと為《せ》ず…世人、己れを頌《ほ》むれば、吾れ愚に似るかと之れを患《うれ》い、他人、己れを謗《そし》れば、吾れ不失なりと悦《よろこ》び…自他を慈しまず、憎まず、親《したし》まず、疎《うと》まず…
無始無終の転下《てんか》（天下）、万国の古今に、是《かく》の如《ごと》きの人、又有ることを聞かず、況《いわん》や視《み》ず。又、無きに限らずとも、吾れに於いて未だ聞かず、又有るべしと覚えざる所なり。是《こ》れ、吾が師の為人《ひととなり》なり」と。

まるで、昌益と同じように農民を愛し農民のために生きた北の詩人・童話作家で、今では世代を超え国境を越えて人々に愛されている宮沢賢治が、「そういう者に私はなりたい」と手帳に綴った「雨ニモ負ケズ」の世界が彷彿《ほうふつ》としてくるかのようです。

第Ⅱ章　安藤昌益の生涯

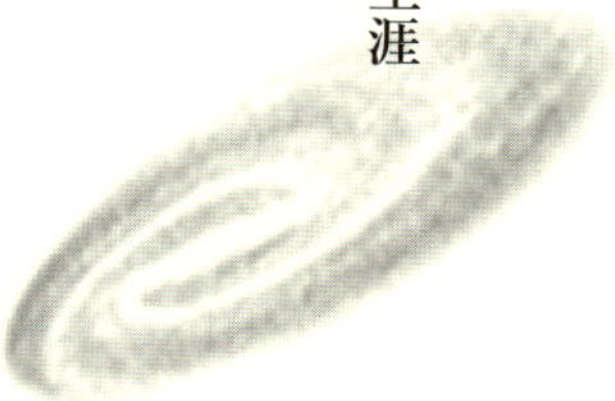

大館時代―少年期

農民の子として生まれて

安藤昌益の生地が大館市二井田贄の里であろうことは先に見てきたとおりですが、では昌益の少年時代、青年時代はどうだったのでしょうか。

あいにく安藤家が何度か火災にあって古文書の類がいっさい残っていないため、昌益の誕生日も幼名も分かりませんし、少年時代、青年時代もいっさい分かっていま

達子の森と犀川

せん。

ただ言えるのは、今よりもずっと豊かで、ずっと身近だったはずの自然界━目の前の犀川や達子森をアクセントに、集落を取り囲むようにして広がる田んぼや畑、そこに息づく数々の草花や虫たち、動物たち、夜空の星々、四季の移ろい、囲炉裏を囲んで父母や祖父母から聞かされた「だんぶり長者」の伝説や、「八郎・太郎」の昔話といった言い伝えが、幼き日の少年昌益の心を豊かに育んだであろうということです。

そして成長するにつれて米作りや野菜作りといった農作業を手伝い、四季の巡りとともにある農民の生活を体得していったものと思われます。中でも、雪解けに、花の芽吹きに、雲の行方に、鳥の渡りに…季節の訪れを知る農事暦は、その年の豊凶に直結する先祖伝来の最も大事な知恵でした。

また、当時の村では唯一の知識人である温泉寺の住職から手習いを受け、お寺にあった書物を次々と読みあさり、読破していったことでしょう。もしかしたら綴子《つづれこ》の内館《うちだて》文庫のお世話になったかもしれません。

いずれにしても、利発だったであろう少年昌益は、二井田周辺の大人たちではくり出される質問に答えきれず、提供できる書物にも限りがあり、手に余るようになったことでしょう。安藤家のおそらくは二男だったことから家を継ぐこともなく、向学心に燃えた少年昌益は、元服の前後のころ、学問の中心地、京都へ上ったことと思われます。

京都時代―青年期

仏門から医学修業へ

京都では禅宗系のお寺に入門したのではないかと思われます。この点については今のところ確たる裏付け資料はありませんが、稿本『自然真営道』や写本『統道真伝』に残された昌益の記述から、ある程度の推測ができます。

自らを語ることのほとんどなかった昌益ですが、仏門での体験を珍しく書き残しています。写本『統道真伝』の「糺仏失《きゅうぶっしつ》」巻にはこうあります。

「予は、雨水の転《てん》（天）を浸《ひた》せるに因《よ》りて悟る」と。つまり、昌益は禅林で悟りを開いた経験があるというのです。

また、稿本『自然真営道』「私法仏書《しほうぶっしょ》」巻にも、こうあります。

「予も、雨水の小溜して朗然たるに向かいて忽然《こつぜん》として瓦解・氷消し、身心あることを知らず。此《こ》れ場を得《う》。数十年来の禅修学の老僧、之《こ》れを聞きて、是《こ》れ大悟の場なり、と為して印可《いんか》を出す。如意《にょい》・払子《ほっす》を授《さず》く」と。

つまり、青年僧・昌益は、禅門で修行するうちに悟りを開き、師匠からそのことを証明する免許状（印可）を授けられ、一人前の禅僧のしるしである如意と払子を授けられたというのです。利発な昌益ならではのことでした。

〝悟り〟ひらくも仏門を離脱

ところが、『統道真伝』でも『自然真営道』でも、先に引いた個所に続けて、次のような文言が記されています。

曰く「気の映《うつろ》い…未だ愚の病《やまい》なり」—錯覚であり心の迷いであったと。そして青年僧・昌益は仏門を離れます。なぜでしょうか。

『統道真伝』にしろ『自然真営道』にしろ、宝暦期前半（一七五〇年頃）に執筆されたものと見られていますから、昌益にすれば五〇歳前後、仏教を本当の意味で卒業してから、おそらく三〇年以上も経ってからの記述ですから「悟りとは…心の迷い」と断言できたものと思われますが、青年僧・昌益が免許状を授けられるほどに傾倒した仏教をそうそう簡単に捨てられるはずがありません。

では、昌益を仏門から離脱させる契機とはいったい何だったのでしょうか。この点も資料的な裏づけはなく、想像するしかありません。が、『統道真伝』「糺仏失」巻には、仏門における歪んだ性のあり様、口では諸行無常《しょぎょうむじょう》を説きながら、性＝生を否定できずに衆道《しゅうどう》（男色）に走る高僧の姿や、寺にお参りに来る檀家の女性に心で姦淫する僧侶、手淫にふける僧侶の姿といったものが生々しく描かれています。

ところで昌益の仏教批判は、出家《しゅっけ》と称して釈迦が家族を棄《す》てたことや、托鉢修行と称して働かずに物乞いを正当化したこと、ありもしない地獄・極楽を説いて人々の目を現実から逸《そ》らせていることへの批判など、さまざまですが、昌益の仏教批判の要《かなめ》は、性の肯定にこそあります。性＝生を修行の妨げとして忌避するのは、父母の性愛の産物である自己を否定することであり、この社会、この世界を否定するものであるとして徹底的に批判されます。

とすれば、青年僧・昌益にとって最大の悩みとは性欲との葛藤であり、性欲を煩悩として口では否定しながら、否定しようもない現実―生身の生をかかえて偽りの教えを説く観念的な仏教との葛藤だったのではないでしょうか。素直に自分の生を引き受けること。悩んだ末、闘いの末に選んだのが、仏門からの離脱だったのではないでしょうか。

医学の主流に学ぶ

安藤昌益と京都とのつながりは、刊本『自然真営道』の出版元が小川源兵衛という京都の一流の本屋であったこと、昌益が一時使用していた「柳枝軒《りゅうしけん》」という号が小川屋代々のものであることから、昌益の奥さんは小川屋の関係者ではないかなどなど、以前からさまざまに推測されていましたが、確たる資料的な裏づけがありませんでした。

ところが一九九九（平成一一）年、当時、岩手県立博物館の学芸員だった鈴木宏さんが、同博物館に寄託された八戸の旧家・戸村家の資料の中から、昌益の京都在住―京都での医学修業を裏付ける「儒道統之図《じゅどうとうのず》」を発見されたことで、がぜん注目されるようになりました。そこには、昌益の医学上の師匠として、「洛北堀河」（現在の京都市北区のあたり）に住む「阿字岡三泊《あじおかさんぱく》」（味岡三伯）という名が記されていたのです。

味岡三伯という名の医師は、初代・二代・三代と、三人の存在が知られていますが、在世年代から推して、昌益の師にあたる人物は、三代・味岡三伯（一六八六〜一七三六）だったのではないかと考えられています。

味岡家は後世方《こうせいほう》別派、医学講説人として知られていますが、ここで昌益が学んだ江戸期の医学について、簡単におさらいをしてみましょう。

江戸期の医学は、室町時代の末期、武蔵国越生《むさしのくにおごせ》（現在の埼玉県入間市）に生まれた田代三喜《たしろさんき》（一四六五～一五四四）が明《みん》に渡り、当時の中国大陸で主流だった金《きん》・元《げん》時代の医学（李《り》・朱《しゅ》

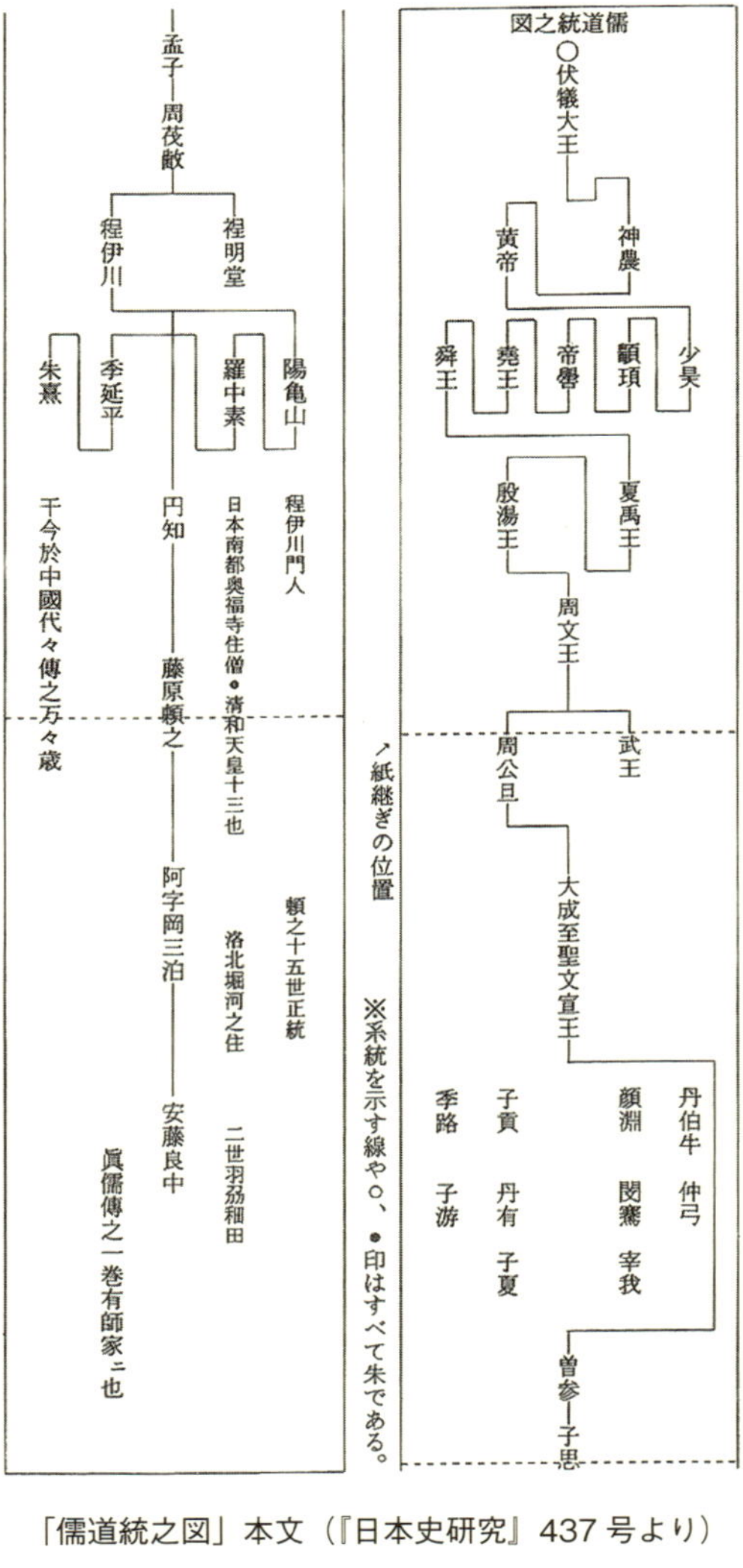

「儒道統之図」本文（『日本史研究』437 号より）

医学とも言います）を学んで日本に持ち帰ったことに始まります。

最新の医学知識と医療技術を身に付けた三喜は、下総国古河《しもふさのくにこが》（現在の茨城県古河市）に移り住んだ足利氏に仕えたところから、「古河の三喜」として近隣に名をはせます。

ちょうどその頃、当時の学問の中心地であった足利学校に学んでいた曲直瀬道三《まなせどうさん》（一五〇七〜一五九三）が三喜に入門、最新の医学を学んで京都へ戻ると、将軍・足利義輝や正親町《おおぎまち》天皇、織田信長といった当代一流の人士の治療にあたったことから、名医として天下に名をとどろかせます。

また医学校・啓迪院《けいてきいん》を設立して数百人に上る門弟を育てたり、医学書『啓迪集』を著わしたりして中国伝来の伝統医学の移植に務め、日本医学中興の祖としてたたえられます。

三喜が伝えた最新の中国医学とは、『黄帝内経《こうていだいけい》』の「素問《そもん》」「霊枢《れいすう》」に綴られた運気論《うんきろん》医学をベースとしたもので、宇宙を「運」回する「陰陽五行」の「気」が人体にも運回し、気の変調が病気を引き起こすという考えに基づいて、気の変調を正すために、鍼《はり》やお灸《きゅう》を施したり薬剤を処方したりして治療にあたるというものです。

ちなみに「気」とは、今でも空気・電気・磁気といった言葉があるように、目には見えないものの確かに存在し、何らかの働きをするもの、また、英語に翻訳される際はエネルギーという言葉が当てられるように、万物を突き動かす生命力、原動力のようなものと考えていいでしょう。

また、「気」が拡散したり希薄になると目に見えなくなる（気体）ものの、いくつもが集まって凝縮すると形を現わして目に見えるようになる（固体）ところから、原子や分子といった

京都市中京区「光明寺」の味岡三伯の墓（右端）

微粒子、微細な物質という側面も持っているようです。気体と固体の中間形態として流動的な状態になる（液体）こともちろんです。

「陰陽五行説」とは中国古代の自然哲学の用語で、もともとは陰陽説と五行説という別個のものだったものが、戦国時代（紀元前三世紀ごろ）、斉《さい》の国の思想家、趨衍《すうえん》という人物によって統合されたと言われています。

陰陽説とは、この宇宙の全存在・全運動が、明と暗・天と地・男と女というように相反する対《つい》の概念＝つまり陰と陽の気によって成り立っているとする

考え方で、万物の有機的関連を示しており、東洋における弁証法の萌芽ともみなされています。

いっぽう、五行説とは、この宇宙の全存在が木・火・土・金・水の五つの要素から成り立っているというもので、インドの四大説（風・火・地・水）や、ギリシャの四大元素論（空気・火・土・水）と同じように、古代世界に普遍的な物質観と言えますが、五「行」と言われるように、単なる五元素ではなく、運動概念も併せ持ったものです。

仏門を離れた昌益は、味岡三伯の下でこうした中国の自然哲学、伝統医学を習得します。諸行無常、色即是空と言って、この宇宙の全存在を空無と見る仏教の世界から転身した青年昌益にとって、こうした自然哲学は何とも新鮮かつ魅力的なものに映ったことでしょう。

とりわけ昌益が弟子入りした味岡三伯一門は、初代三伯の師、饗庭東庵《あえばとうあん》以来、素霊《それい》派とも言われ、医学の聖典『黄帝内経』の「素問」「霊枢」に造詣が深く、医学講説人とも言われて、臨床医学とともに基礎医学、医学理論を重視する学派でした。ものごとを根源的に考えずにはいられない青年昌益にとって、願ってもない研鑽の場でした。

「儒学」と「医学」兼ね備えた医療の道へ

ところで、当時の医者は「儒医」とも呼ばれ、医学の修業とともに儒学を習得することが必須とされました。なぜならば、治療を生業《なりわい》とする医者は単なる職人＝技術者であり、天下国家を論じる儒者＝学者に比べて社会的に低く見られたことから、儒教の教養で自らを飾る必要があったためです。

いっぽう、儒者の側からすると、天下国家を論じるとは言っても、公家や藩主に雇われない限り、儒学の教養だけでは食べていけないため、医者を兼ねたことが多かったようです。医者が儒者を兼ね、儒者が医者を兼ねた「儒医」が通り相場だったゆえんです。

儒学は、春秋戦国時代、孔丘《こうきゅう》（紀元前五五一〜紀元前四七九）によって集大成された政治思想・倫理思想で、歴代王朝によって庇護され、時に国家教学とされるなど、中国ばかりか、朝鮮・日本・越南《ベトナム》といった漢字文化圏、儒教文化圏でも二〇〇〇年以上にわたって大きな影響を及ぼしてきました。孔丘（孔子）と弟子たちによる問答体の言行録『論語』は、今でも古典の一つとして広く読み継がれているほどです。

こうして昌益は、医学を学ぶことで今でいう自然科学を学び、儒学を学ぶことで今でいう社会科学を学んだのでした。それればかりではありません、「医は仁術」と言われるように人の命を救い、そのことで社会参加、社会正義を実現する生き方は、むなしい仏教修行と違って、昌益に限りない充実感を与えたものと思われます。

ところで先に見た「儒道統之図」とは、中国の伝説上の皇帝である伏羲《ふっき》に始まり、神農《しんのう》・黄《こう》帝《てい》…堯《ぎょう》・舜《しゅん》・禹《う》王・湯《とう》王といった中国歴代王朝の皇帝と、儒学の聖人・賢人を系統付けた系図ですが、新儒教とも言われる朱子学の系統を示したところでは、朱熹《しゅき》（朱子）の先輩格である程《てい》伊《い》川《せん》から朱子に至る中国儒学の系統と、円知―藤原頼之―阿字岡三伯―安藤良中（安藤昌益）に至る日本儒学の系統に枝分かれしています。

阿字岡三伯が昌益の医学上の師であるところから、円知、藤原頼之についても、医師であろうと推測されていますが、日本の医学史上の誰にあたるのかは未だ明らかではありません。いや、そもそも標題が医師の系統図ではなく儒学の系統図とあることから、医者ではなく儒者である可能性もありそうです。いずれにせよ、昌益の儒教に対する正統意識・帰属意識がかい間見えるようです。

それればかりか、この系図の中で昌益は、「眞儒伝之《の》一巻、師家に有る也《なり》」と、儒教についての書物を著わし先生に献じたことを注記し、「今に中国に於いて代々之《これ》を伝うこと万々歳」と儒学の隆盛をたたえ、孔丘にいたっては「孔子（孔先生）」ではなく、最大級の尊称「大成至聖文宣王」を用いるなど、儒教への傾倒ぶりをうかがわせています。

八戸時代─壮年期

町医者昌益と弟子たち

どのようないきさつがあったか、今のところとんと分かりませんが、延享元《えんきょう》（一七四四）年以降、安藤昌益は突然、八戸の記録のいくつかに姿を現わします。先に昌益の人物像紹介のところで触れた八戸藩の公式記録『藩日記』と『詩文聞書記』、それと「宗門改め」です。

先にも見たように、『藩日記』延享元年八月一五日の条には、昌益が藩から下賜された金百疋の受け取りを固辞した旨が記されていましたが、それをさかのぼること約一週間、八月九日の条には、藩命で治療を申し付けられたのが、同月六日だった旨が記されています。また、翌延享二年二月廿九日《にじゅうく》の条には、昌益が八戸藩の家老・中里清右衛門の治療にあたったとの記録が残されています。

清右衛門の記事とは、清右衛門が藩に差し出した「願書」の写しで、清右衛門は長いこと病気がちでいろいろな医師に診てもらってきたものの、なかなか快方に向かわない、そのため町医者の安藤昌益に診てもらい薬を替えたところ好転したので、もうしばらく休みをもらいたいという休暇の許可願いでした。

遠野藩の射手といい中里清右衛門といい、八戸藩の賓客であり八戸藩の家老であることから、本道《ほんどう》（内科）や座頭《ざとう》（鍼灸医）といった藩が召し抱えているお側医が複数いるわけで、本来であればお側医が診察・治療にあたるべきところでしょう。清右衛門も実際、そうした医師たちに診てもらったものの、いっこうにはかばかしくなかったことから、町医者である昌益に診てもらったという経過のようです。

また、八戸藩の遠祖である遠野藩の射手の治療にあたっても、お側医をさし置いて藩命で昌益が指名されたということは、八戸城下で昌益の臨床の評判が高かったこと、そのことが藩の上層部にも知られていたことがうかがえます。

また、昌益の高弟として知られる神山仙確をはじめ、関立竹《りっちく》・上田祐専《ゆうせん》といった八戸藩のお側医が昌益の弟子となっていたことも、お町医・安藤昌益の腕の確かさを裏書しているものと言っていいでしょう。

多くの知識人が昌益の弟子に

『詩文聞書記』は、表紙に『延享甲子春　詩文聞書記　露擔堂《ろたんどう》夢遊《むゆう》』とあり、夢遊こと延誉上人の延享元年から四年にわたる交友記録が収められています。

その中に、延享二年閏《うるう》一二月に八戸城下で昌益を講師とした文化講演会があり、それに出席した延誉上人は昌益を「大医元公」と讃え、古《いにしえ》の聖人をも凌ぐほどの人物だと評した旨の記事が収録されています。

また『詩文聞書記』の別のところでは昌益を「濡儒安《じゅじゅあん》先生」とも呼んでいます。儒教の教養に濡《あふ》れ、儒教の徳によって人々を濡《うるお》す安藤先生という意味でしょう。昌益は、この時点では、儒学に造詣が深く、腕の確かな「儒医」と見られていたようです。

事実、「延享二乙丑仲夏《きのとうしちゅうか》」と執筆時期が明記された昌益初期の暦論、『暦之大意《こよみのたいい》』には、後の昌益をうかがわせるような伝統思想への批判はまったくなく、中国伝来の宇宙論・暦論を踏襲し、詳細に綴ったものでした。

ちなみに、『暦之大意』の冒頭には「安氏正信《あんしまさのぶ》　述《のぶ》」、奥付にあたる部分には「柳枝軒《りゅうしけん》　確竜堂安氏正信　制《こしらえ》」とあります。

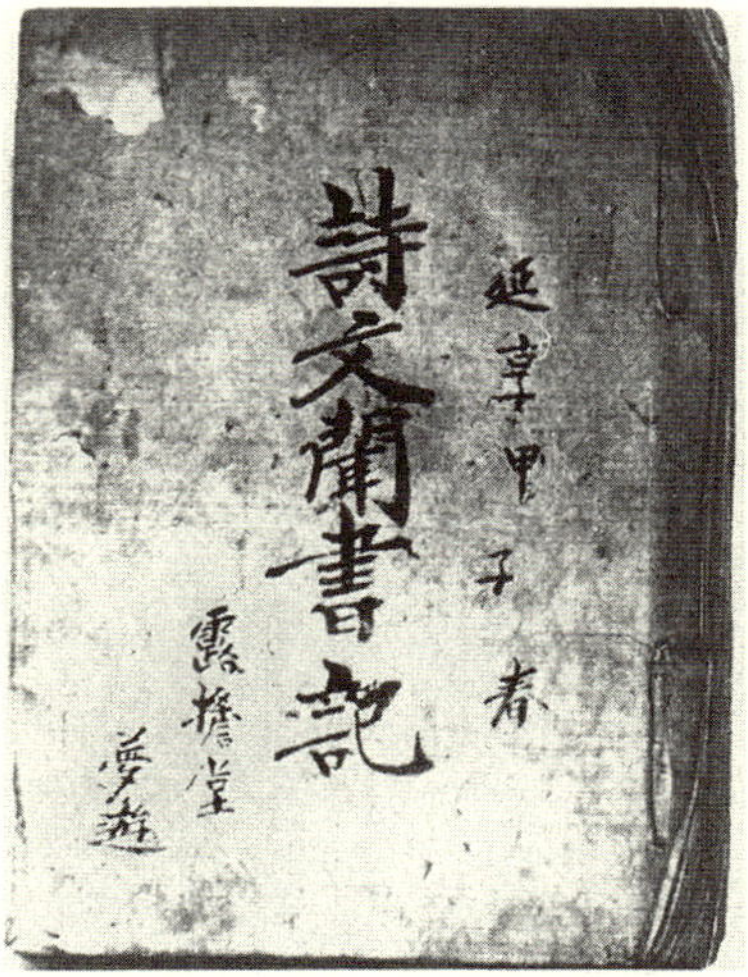

『詩文聞書記』の表紙（『新編八戸市史　近世資料編Ⅲ』より）

「安氏」とは安藤氏のことで、当時の儒学者、文化人が中国にかぶれ、日本式の二文字の名字《みょうじ》（安藤）を避け、中国式の一文字の名字に倣《なら》って自らを呼び他を呼んでいたことを、昌益も「安」としてそのまま踏襲していたものと思われます。先の濡儒安先生の「安」にしても同じことです。また、冒頭と奥付と両方に「正信」とあるところから、昌益が当時「正信」という名を名乗っていたことを示唆しています。

なお、ここで昌益が使っている号、「柳枝軒」についてちょっと考えてみましょう。

朝鮮通信使として日本を訪れた儒者の一人、申維翰《しんゆはん》（一六八一～？）が、訪日記録『海遊録』に、「柳枝軒」と書かれた幟《のぼり》とともに当時の京都の書店の繁栄ぶりを書き残していますが、「柳枝軒」とは当時、文化の中心地・京都でも指折りの大店《おおだな》の一つ、小川屋が代々使用していた号でした。

一、門徒願栄寺　同組　忠平　廿七　印
有人〆八人内　男弐人　女六人
一、同宗同寺　同組　昌益　四十四　印
有人〆五人内　男弐人　女三人
一、同宗同寺　同組文次郎借屋　涼庵　七十七　印
有人〆六人内　男弐人　女四人
一、浄土宗来迎寺　同町福松借屋　吉三郎　廿六　印
有人〆五人内　男四人　女壱人

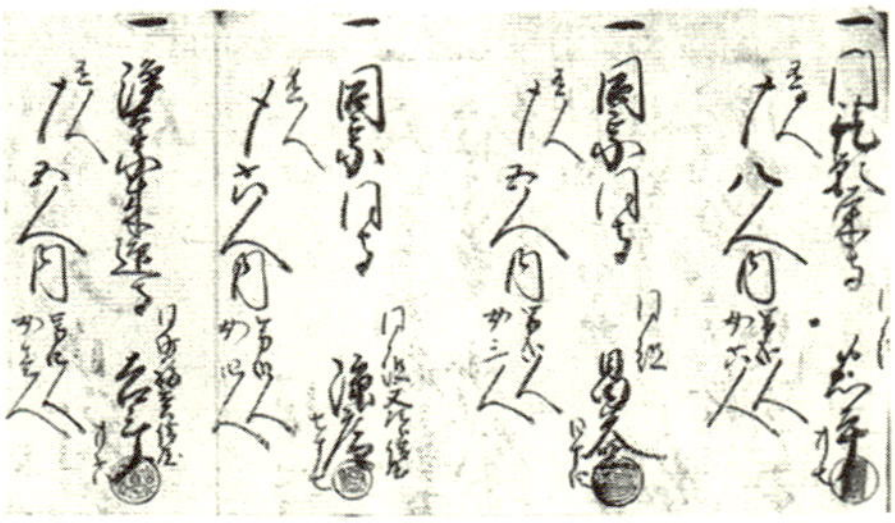

延享３年「宗門改め」該当部分（『新編八戸市 近世資料編Ⅲ』より）

昌益が在京時代、書肆・小川屋の近くに住んでいたこと、稿本『自然真営道』の出版元が小川屋一族だったこと、昌益の奥さんが昌益没後、大館ではなく上方《かみがた》へ向かったことなどから、昌益が「柳枝軒」と名乗ったのは小川屋の号を使ったものではないか、奥さんは小川屋の娘だったのではないか、といった可能性が考えられます。

ところで、延享三年五月一〇日に八戸で行なわれた「宗門改め」の記録に、昌益一家のことが出ているので見てみましょう。昌益一家は、今でも八戸の中心街にあたる十三日町の櫓横丁《やぐらよこちょう》の一角に、五人家族で住んでいたようです。宗門改めには「一、同宗同寺　同組　昌益　四十四　有人〆《しめて》五人　内《うち》男弐人女三人」

とあります。

「同宗同寺」「同組」とは「右に同じ」ということですから、右に記載された家々を見ていくと、真宗大谷派の願栄寺の門徒として吉右衛門を組頭《くみがしら》とした五人組組織（実際は八組）に属していたことがわかります。

また、男二人、女三人とあることから、家族構成は妻と息子一人、娘二人の五人家族であったろうと推測されています。当時のことですから、女性である奥さんも娘二人もそれ以上の記録はありませんが、息子はのちに周伯《しゅうはく》（秀伯とも）と号した医者で、名は亨嘉《みちよし》、当時、一一歳だったことが別の資料から推定されています。

昌益一家の右隣は、弟子の大阪屋・中村忠平、左隣は昌益同様、町医者の富坂涼庵で、息子の涼仙も同じく医者となり、宝暦の飢饉の際は『耳目凶歳録』を残しています。

ちなみに、八戸には昌益の弟子をはじめ関係者が最も多く記録されていますので、簡単に見ておきましょう。

まず、先に挙げたお側医の神山仙確、関立竹、上田祐専がおり、神主の高橋大和守《やまとのかみ》、中居伊《い》勢守《せのかみ》、上級武士の北田忠之丞《ちゅうのじょう》、福田六郎、大手商人の中村忠平、中村右助《うすけ》、経歴不明ながら沢本徳三郎、村井彦兵衛、嶋守伊兵衛の一二人が、判読不明の二人とともに、正月五日の年始状に名を連ねていて弟子と思われ、狩野亨吉の「安藤昌益」でも、渡辺大濤の『安藤昌益と自然真営道』でも紹介され、早くから知られています。

また、薬種屋《やくしゅや》の大塚屋鉄次郎、『詩文聞書記』を綴った延誉上人、延誉上人と知己であった藩士の岡本高茂、同書を旧蔵していた神代家、『儒道統之図』を旧蔵していた戸村家、『確龍先生韻鏡律正』を旧蔵していた小笠原家、『確龍先生自然数妙天地象図《てんちしょうず》』を旧蔵していた接待《せったい》家など、昌益とつながりを持つ人々、家々が数多くあったことが知られています。

なお、高橋大和守とのつながりで、増穂残口《ますほざんこう》（一六五五〜一七四二）というユニークな神道家がいて、年代的に見て昌益に影響を与えた可能性が一部で唱えられていますが、この点については、別のところで考えてみましょう。

ふたたび大館―晩年と没後

昌益一門の「全国集会」

延享元（一七四四）年から三年にかけて突如、八戸の記録に現われた昌益ですが、その後はパッタリ記録が途絶えて、八戸在住を裏付ける資料は今のところ見出されていません。

一般には、その後も八戸に住んでいたのではないかと考えられていますし、それが順当な解釈かもしれません。が、京都や江戸で『自然真営道』が出版されたことなどからすると、京都や江戸に住んでいた可能性もなくはなく、今後の新資料の発見を期待したいところです。

なお、『藩日記』では、宝暦八（一七五八）年七月二七日の条に、先に昌益の弟子の一人として紹介した北田市右衛門（忠之丞）が、昌益の息子・秀伯（周伯とも）と昌益の高弟・神山仙庵《せんあん》（仙確）に治療を受けた旨の記事があり、この時点で、昌益がすでに八戸にいなかった可能性を示唆しています。ちなみに、この点は『掠職手記』で、昌益が大館に移り住んだのを宝暦一二年の足かけ五年前、宝暦八年頃としていたことと符合しています。

ところで、宝暦八年といえば、この頃、昌益一門の全国集会が昌益の旧宅から歩いて一分もかからない十六日町の天聖寺で開かれたとの説がありますが、この点については少し慎重に考えてみる必要がありそうです。

昌益一門の全国集会については実際に開催されたとの見方がある一方で、集会は実在せず、高弟の神山仙確が『論語』にならって作り上げたとの虚構説まであります。

また、実在説の人々の間でも、開催場所は八戸説、江戸説、千住説などと、いろいろあって一定しません。八戸や奥南部からの出席者が多いことから、場所は八戸だろうと思われますが、天聖寺との確証はなく、細かな場所の確定は難しいというのが正直なところです。

また、時期についても、『安藤昌益全集』別巻の「安藤昌益事典」では宝暦七、八年頃となっていますが、この点はどうかと思われます。

全国集会の記録「良子《りょうし》門人問答語論」が昌益晩年の概念・用語で綴られていることから、宝暦期の後半であることに間違いはありませんが、「問答語論」での昌益の紹介が「倭国羽州秋田城都の住」とあるところから、昌益は秋田（大館）在住で、秋田（大館）から参加したと見るべきで、八戸在住時代の宝暦七、八年頃というのは、再検討すべきでしょう。いずれにしても、全国集会については稿を改めて考えてみましょう。

ところで『藩日記』には、昌益没後の宝暦一三（一七六三）年二月廿九日と翌三月朔日《さくじつ》（一日）の条に、息子・周伯の記事が掲載されています。廿九日には、周伯が母親（昌益の妻）を伴い、上方へ上るので通証文《とおりしょうもん》（通行手形）を発行してほしいと藩に願い出ています。そして翌三月一日には、勉学のための上京であり母を随伴するとのことで、希望どおり通証文を発行するよう町奉行に指示が出された、ということの記録です。

そして江戸に上った周伯は、その年の一二月二八日に国領《こくりょう》帯刀《たてわき》の取り次ぎで、山脇東門《やまわきとうもん》

（一七三六〜八二）に弟子入りします。東門は、杉田玄白の解剖に先立つこと一七年、京都の六角獄舎で日本最初の解剖を試み、その記録を『蔵志《ぞうし》』にまとめた漢方医・山脇東洋（一七〇五〜六二）の息子で、当時の漢方医としては最も開明的な医師の一人でした。

その後の周伯がどのような道をたどったのかは、ほとんど不明ですが、つい最近になって、おそらくは二代目・昌益を名乗って江戸で開業していただろう、ということが判明してきました。味岡三伯が二代・三代と続いたように、当時は息子や優秀な弟子が親や師の名を継いで名乗るのはごくごく一般的なことでした。

二代昌益の江戸での開業を裏づける記事は、盛岡南部氏の公式記録『雑書』の安永四（一七七五）年四月二日の条にあります。

盛岡藩の藩士・川村理仲太《りちゅうた》の伯父、川村寿庵が医学稽古のため去々年（一昨年）江戸に上り、お町医・安藤昌益の家に住み込みで修業をするとともに、昌益の師匠である川村快庵にも弟子入りし、快庵の死後、快庵の娘婿となって快庵の跡を継いだというものです。

安永四年の去々年、二年前ですから、安永二（一七七三）年のこと、昌益没後一一年、周伯が江戸へ上って一〇年後のことになります。

たまたま同姓同名の安藤昌益という医師がいたとも考えられますが、昌益に弟子入りした川村寿庵とは、先に昌益の人物像のところで取り上げた『医真天機』の著者「錦城」であり、その子・川村真斎（一七八五～一八五二）ともども、安藤昌益の医学・自然哲学を受け継いでいたことが判明しています。それればかりではなく、寿庵―真斎父子は稿本『自然真営道』一〇一巻を千住の橋本律蔵に伝えた人物の可能性が高いのです。

とすれば、川村寿庵が弟子入りした安藤昌益とは単なる同姓同名の医師ではなく、昌益医学を受け継ぐ昌益の息子、安藤周伯その人である可能性が極めて高いと言えましょう。

さて、これまでのところ昌益関係資料が最も多く見出され、昌益関係者が最も多く報告されている八戸の、昌益没後の動きはどうだったのでしょうか。昌益の息子・周伯については今、見てきたとおりですが、その他の人物についてはほとんど分かっていません。

昌益没後、昌益の説いたところを「祭文《さいもん》」という形で文章化し、昌益の思想を語り伝えようとして「転真敬会」という講《こう》組織が結成され、「転真敬会祭文」と題した「祭文」とその注解を記した文書が八戸には残されています。

ただし、息子・周伯や高弟・神山仙確がこの会にどのようにかかわっていたのか、あるいは、かかわっていなかったのか、詳しいことはまったく分かっていません。ただ、昌益の思いを受け継ぎ、伝えようとした動きがあったことだけは事実でしょう。

ちなみに、八戸には仙確の孫にあたる人物に神山由助九品《よしすけきゅうぼん》（?～一八五九）という和算家がおり、『泰西流《たいせいりゅう》量地測量測算術』といった泰西流（ヨーロッパ式）の測量術書や『楷梯点《かいていてん》竄《ざん》』といった藩校の和算の教科書をいくつも著わしています。

その中で九品は、「余が祖父、医官・仙庵寿時《ひさとき》は自然真自感の一気を確龍先生に学ぶ。其の書、僅《わず》かに遺《のこ》れり。是《こ》れを読みて算数の術に非《あら》ずんば、物の理を尽くさんこと能《あた》わざるを知れり」と、祖父・神山仙確や昌益についても言及しています。

また他の著書のいくつかにも「自然真自感の気」といった文言があちこちに見られますが、あいにく昌益の思想内容をきちんと受け継いでいるとは言えそうにありません。思想の継承とは意外にも難しいのかもしれません。

明治になって、狩野亨吉や民権派の評論家・田岡嶺雲《れいうん》（一八七〇～一九一二）の問い合わせに、八戸の郷土史家が昌益の存在を否定した回答を寄せてしまったように、昌益の存在は歴史の彼方に「忘れられた」かのようでした。

受け継がれてきた真営道医学

昌益没後、大館では農民たちが立てた昌益顕彰碑が破壊されて、農民たちも沈黙を余儀なくされ、八戸では時の流れに呑み込まれてしまったかのように見えた昌益ですが、昌益が生涯、生業《なりわい》とした真営道医学は、その後も絶えることなく受け継がれ、昌益の存在と、昌益の思いを今に伝えています。

昌益の医学、真営道医学は、稿本『自然真営道』の本書分、第七一巻~第一〇〇巻に綴られ、すべてが関東大震災で焼失してしまったことから、昌益研究者の間では「幻の医学」とされ、内容の復元も解明も永遠に不可能だと思われてきました。

ところが一九七〇年以降、少しずつですが、昌益医学を書き写した資料が見出され、それとともに書き写した人物の研究も進み、昌益医学の全体像が復元されるとともに、継承者がたどれるようになってきました。

まず、第一に挙げられるのが、先にも触れた三戸出身で江戸下町のお町医として活躍した「錦城」こと川村寿庵です。寿庵は、幕末から明治期にかけての漢方医学の最後の大立て者、「浅田飴」で知られる浅田宗伯《そうはく》（一八一五~一八九四年）の『皇国名医伝』にも取り上げられている、日本の医学史上でも指折りの名医の一人です。

ただ、昌益同様、名誉や金銭よりも心の誠を重んじ、昌益よりも自分の趣味や個人の生き方を大事にしたことから、当時の人から見ればちょっと変わった人物と見られていたようです。エピソードがいくつも残され、世に隠れた名医でしたが、一般には医師としてよりも、谷文《ぶん》晁《ちょう》の『日本名山図会』の出版者として、文人として知られた人でした。

その寿庵が、錦城の名で『医真天機』を著わし、おそらくは昌益の謦咳《けいがい》に接して、昌益の人となりを書き残していたばかりではなく、昌益医学を高く評価していたのです。そして安永二年には江戸で二世昌益こと、安藤周伯にも弟子入りしていた模様です。

そうした寿庵の二男に、『日本名山図会』に註書きを寄せていた川村博こと真斎がいます。真斎は、『真斎謾筆《まんぴつ》』『進退小録』といったものに昌益医学を書き写していましたが、特に『真斎謾筆』は、関東大震災で焼失してしまった稿本『自然真営道』本書分のうち真営道医学にあたる部分（第七一巻〜第一〇〇巻）、「幻の昌益医学」をほぼ全体にわたって書き残していた誠に貴重なものでした。

また、最近になって見出された『老子解　真斎先生草稿』は、真斎が「活真」「互性」「四行八気」といった昌益の基本用語を駆使して、中国の古典「老子」を解読したものでした。

つまり、川村寿庵・真斎父子は、二代にわたって安藤昌益に深く傾倒していたのです。真斎の人となりについては不明ですが、つい最近になって、何と稿本『自然真営道』一〇一巻が見出された千住宿《せんじゅしゅく》（北千住）で亡くなっていたことが判明しました。

そればかりではありません。渡辺大濤によって「北千住の仙人」と言われ紹介されてきた、稿本『自然真営道』の旧蔵者、橋本律蔵についても研究が進み、これまで謎とされてきた多くの部分が解明されてきたのです。

橋本律蔵（一八二四〜八八）は藁屋《わらや》・橋本家の当主として穀物問屋を営み、明治初年には千寿小学校の建設や、社会事業のための基金「報恩社」に多額の献金をしたり、千住仲町《なかちょう》の戸長《こちょう》を務めたりした地元の名士の一人で、蔵書家としても知られていましたが、その一方で、伝統医学を修めた漢方の医師でもありました。

そして若き日には、栄徳《えいとく》とか静谿《せいけい》とも名乗っていたもののようです。また、昌益が若き日に中国にかぶれて、安藤ではなく「安」氏と名乗っていたように、橋本栄徳も橋本ではなく「橋」栄徳と自称していたようです。

静谿・橋栄徳は『静谿謾筆《せいけいまんぴつ》』『静谿漫筆』『漫筆』と、いくつもの読書ノートないし備忘録、つまり手控えを残していました。そして、その中には川村真斎の著書からの引用や処方が多数あり、「真斎先生」との師弟関係をうかがわせる記述も見られました。
　そればかりか、『静谿漫筆』には「自然真営道の説」「真営道之論」といった記述があったり、『静谿謾筆』には「良中《りょうちゅう》氏」「良中子」といった昌益に直接言及した部分や、「真営道」からの引用が随所に見られ、およそ三分の一が昌益に関するものだったのです。

千住「慈眼寺」の橋本家の墓（中央の墓石に律蔵の戒名がある）

　つまり、橋本『自然真営道』の所蔵者・橋本律蔵は、単なる蔵書家の一人としてたまたま『自然真営道』を所蔵していたのではなく、師である真斎を通して、良中先生という優れた医師、優れた自然哲学者が、江戸中期に存在していたことを知っていたことになります。そのことを直接示す資料も見つかりました。律蔵晩年の手記『雑記』です。

『雑記』は、仏教に傾倒していた晩年の律蔵の手控えらしく、仏教に関する記述が多いものですが、巻末近くには真斎の弟子・大村脩という人物が真斎の徳を慕って捧げた「奉贈　河邨《かわむら》老先生」と題された漢詩と、律蔵による註書きが残されていました。

律蔵が付けた註書きを見ると、「河邨先生」とは「河村真斎先生なり。名、博。字《あざ》、子良。寿庵先生の二男」とあり、河邨先生が得意とした「進退陰陽の説」とは「良中子、四行八気の論なり」とあります。つまり、「進退陰陽の説」で知られる川村真斎先生の説くところは、実は「良中子」（安藤昌益）の「四行八気論」に基づいている、ないしは昌益の自然哲学を継承したものだというのです。何とも驚くべき註書きではありませんか。

ところで、先に見た川村錦城の『医真天機』にはオリジナルと見られる小型版のものと、小型版をもとに整理、清書した大型版の二種類があり、大型版の裏表紙には「静谿橋栄徳蔵本」と書かれていて、律蔵が旧蔵していたことが推測されます。

谷文晁の描いた川村寿庵

また、同書の表紙には「真営堂」の印が押されていますが、昌益の処方や真斎の行状が記された『真営堂雑記』の裏表紙にも「橋栄徳蔵本」とあることから、律蔵は静谿、栄徳のほかに堂号を真営堂とも名乗っていた可能性があります。

それとともに、『医真天機』のオリジナル版や稿本『自然真営道』一〇一巻を、師である川村真斎から譲り受けていた可能性を示唆しています。

いずれにしても、江戸の二世・安藤昌益こと昌益の息子・周伯―川村錦城こと江戸の名医・川村寿庵―寿庵の二男・川村真斎―真斎の弟子で稿本『自然真営道』の旧蔵者・橋本律蔵が一本の太い糸でつながっていたことが判明したのです。

ちなみに、川村寿庵の弟子の一人に盛岡南部氏のお側医・佐々木寿山（一七八五～一八五六）がいて、その著書『松柏堂方彙《ほうい》』には昌益の処方として有名な「安肝湯《あんかんとう》」が収録、継承されています。また、『錦城先生経験方』を著わした舟山寛、『良中先生自然真営道方』を筆録した杉玄達もともに「羽陽」（秋田県南部か山形県）の人といったように、昌益医学のすそ野は、これまで考えられてきた以上に広く深かったもののようです。

第Ⅲ章　安藤昌益の思想とは

昌益の思想的格闘

安藤昌益の著作と関係資料

安藤昌益の著作および関係資料は、農文協版『安藤昌益全集』が完結した一九八七年の段階では、現存するほぼすべてのものが同全集に収録されていましたが、その後、いくつもの関係資料が掘り起こされ、昌益の生涯や思想をたどるうえで大きな進展がありました。

また、一九六五年頃までは、昌益の主著は稿本『自然真営道』一〇一巻で、そのダイジェスト版が写本『統道真伝』四巻五冊、刊本『自然真営道』三巻は時勢をはばかって刺激的な主張を除いて出版したもの、といった見方が狩野亨吉以来の定説でした。

ところがその後、書誌学的な研究が進展し、昌益独自の用語や概念の使われ方、その変遷が明らかにされ、そうした定説に異議・修正が加えられるようになってきました。たとえば、穏当なものとして出版されたはずの刊本『自然真営道』が実は出版弾圧（自主規制）にあっていたということが判明したのも、その一例です。

ここでは、そうした研究の進展をふまえて、昌益の著作および昌益の思想を伝える関係資料を、ほぼ年代順に並べ、各期の特徴と、昌益の思想的格闘―思想的遍歴、思想的深化について見てみましょう。

①先初期―陰陽五行論時代（正信時代）

昌益が「正信」を名乗っていた時代のもので、『博聞抜粋《はくもんばっすい》』（釈氏篇）、同（神事篇）、同（雑ノ条）といった、昌益の修学時代の読書ノート、および先に見た「柳枝軒」時代の『暦之大意』といったものが残されています。いずれも伝統思想を踏襲し、「陰陽五行」論に基づいたもので、のちの昌益に見られるような、伝統思想や時代に対する批判的な文言はほとんど見られません。

②初期―陰陽五行論時代（『確龍先生韻経書』、「確龍先生自然数妙天地象図」の時代）

昌益が柳枝軒の号を名乗らず、「確龍堂良中」を名乗りはじめた時代のものです。伝統的な音韻論の書『韻鏡』に替えて「韻経」を対置したり（『確龍先生韻経書』）、伝統的な天地宇宙の距離数を独自に組み替えたり（「確龍先生自然数妙天地象図」）と、一部で伝統思想の相対化や批判、独自性の主張が見られますが、大筋では伝統的な、「陰陽五行」論、儒教的社会観の枠組みの中にあります。

③中期―進退五行論時代・その一（刊本『自然真営道』の時代）

仙確による宝暦二年の序文があり、宝暦三年に京都で、宝暦四年に江戸で出版された『自然真営道』（前篇）三巻本の時代で、刊行されたことから刊本『自然真営道』とか、三巻構成のため『自然真営道』三巻本と呼ばれます。

ただ、出版前に行事仲間（出版組合）に諮《はか》られながら、「暦」を論じた箇所が当時の出版コードに抵触したため、一部で内容の差し替えを余儀なくされ、また京都と江戸の版元（出版社）との共同出版の予定が、江戸の版元が共同出版を降り、名前を削除されるという出版弾圧事件に遭遇します。そのため、近刊を予告されていた後編と『孔子一世辨紀』は、出版されなかったもののようです。

伝統的な「陰陽五行」論に替えて、「進退五行」論を対置、「天地」に替えて「転定《てんち》」としたり、一部に昌益独自の概念「直耕」や「二別」批判も見られますが、総体としては、物質観、天体論、暦論を中心として進退五行論に基づいた自然哲学の書（有限の空間と無限の時間）、運気論の書と言えます。

医療事故批判、医師の哲学観批判といった、医師のモラルやものの見方・考え方を問う内容が特徴的で、伝統思想や時代状況への批判は比較的希薄です。

④中期─進退五行論時代・その二（『統道真伝』『学問統括』時代）

宝暦二年頃、執筆されていた可能性のある写本『統道真伝』四巻五冊と、宝暦五年の「序」文のある『学問統括』と題された、伝統思想を逐一批判したシリーズ本の時代で、『学問統括』全一四巻はのちに一〇一巻の稿本『自然真営道』に吸収され、稿本『自然真営道』第一巻〜第一〇巻（第一一巻〜第一四巻は焼失）として今に残ります。

中期の特徴としての「進退五行論」に加えて、儒教・仏教・神道といった伝統思想への激烈な批判が特徴的です。また、「学問統括」とあるように、学問そのもの、学者一般への批判にも見るべきものがあります。

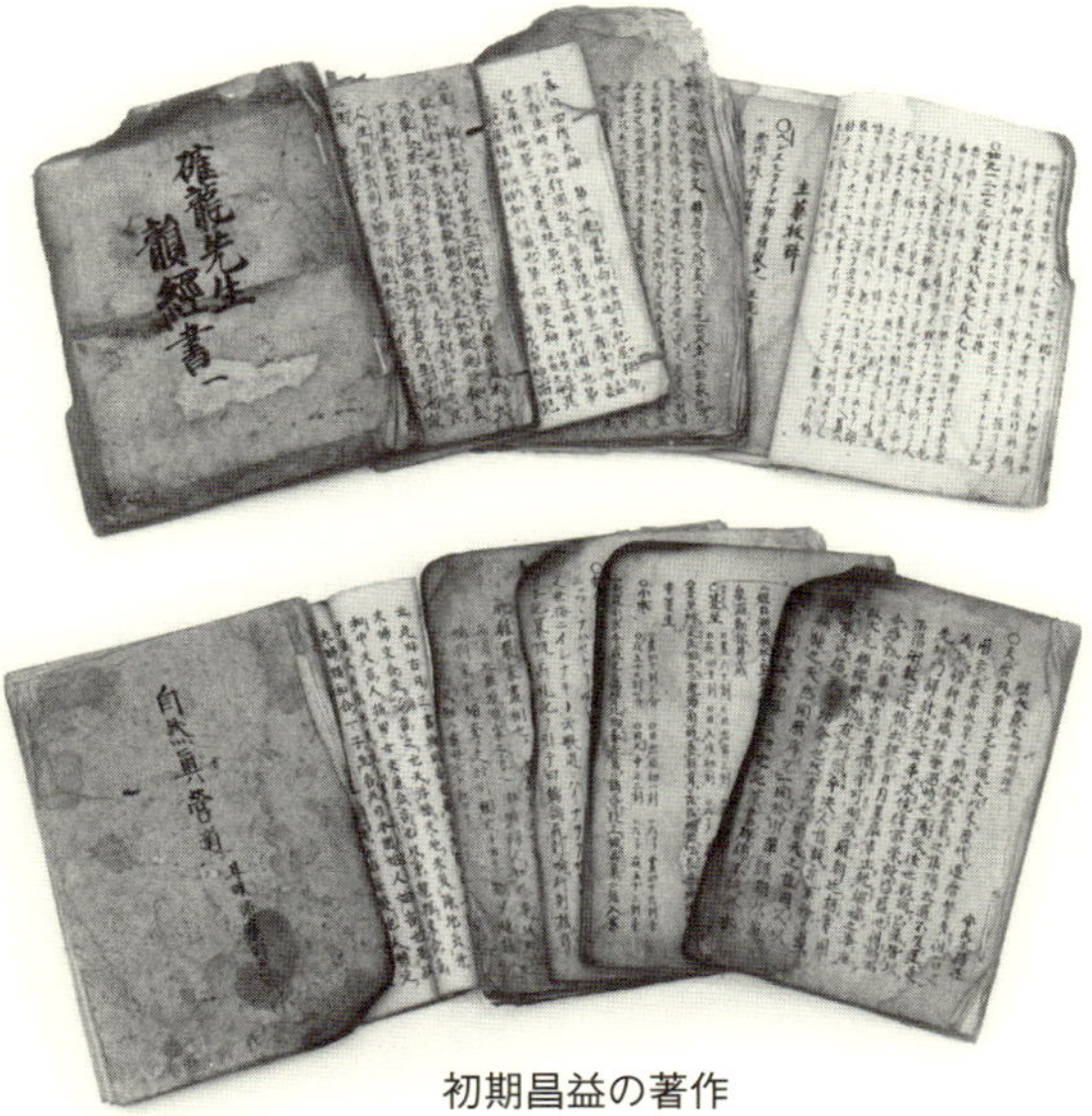

初期昌益の著作
（八戸市立図書館蔵）

稿本『自然真営道』「大序巻」表紙（東京大学図書館蔵）

また、『統道真伝』には、伝統思想としての儒教・仏教・神道批判の「糺聖失《きゅうせいしつ》」巻、「糺仏失《きゅうぶっしつ》」巻のほかに、昌益の人間観、動植物観、地理観を綴った「人倫巻」「禽獣巻」「万国巻」があって興味を引かれます。

なお、『統道真伝』と『学問統括』には内容的に重複する部分がいくつもあり、並行して書かれていたものか、どちらかが先行するものか、執筆時期について重要な問題が残されていますが、あいにく研究はそこまで進んでおらず未だ確定していません。

また、この時代の昌益は、神道批判の一方で、神道家ないし国学者とみまがうばかりの強烈な「神国」観が見られますので、その点については後ほど見てみましょう。

⑤ 晩期—四行八気論時代・その一（稿本『自然真営道』本書分の時代）

関東大震災後に発見された「人相巻」三冊（正しくは稿本『自然真営道』第三五〜第三七「人相視表知裏」巻）や『良中子神医天真』（早稲田本）および『真斎謾筆』『良中先生自然真営道方』といった、稿本『自然真営道』本書分、とくに医学論を筆録した昌益没後の人々の写本類で、「進退五行」論を独自に組み替えた、晩期の「進退四行八気」論時代のものです。

そうした転換を端的に示す例が稿本『自然真営道』第八「私制韻鏡」巻に見られ、本文の前に「五行論」時代の音韻論を「悉《ことごと》く失《あやま》り」とした小論を書きこみ、章ごとに「妄失」「失り」「自然に非《あら》ざる妄失」といった文字が書き込まれています。

「五行」を脱し「四行」に移行したことで「互性」論的には尖鋭化し体系化されたとも言えますが、論理的整合性を求めるあまり、ややこじつけ的な印象をぬぐえません。

⑥最晩期―四行八気論時代・その二（稿本『自然真営道』大序巻の時代）

同じく四行八気論時代のものですが、関東大震災の焼失を免れた稿本『自然真営道』一二冊の中でも、体裁（サイズおよび表紙の色）の違う「大序」巻、第二四「法世物語」巻、第二五「良演哲論」巻の三冊は、昌益の死後、浄書された可能性も含めて、昌益最晩年の思想的到達点を示すものとして注目されています。

なお、『良中子神医天真』（くすり博物館本）は、「大序」巻の異本、ないしは「大序」巻のベースになったものとも見られ、誠に興味をひかれますが、詳しい分析は今後に残されています。

伝統的な「陰陽五行論」の革新

先に触れましたように、昌益の思考の枠組みは、私たちが慣れ親しんでいる近代西洋自然科学のそれとは違って、伝統的な陰陽五行論、運気論にありました。

また、前項で見たように、昌益は、「陰陽」五行論を「進退」五行論に改め、さらに進退「五行十気」論を進退「互性四行八気」論に組み替えました。なぜでしょうか、またそのことの持つ意味は何だったのでしょうか。

「陰陽」論は、先にも見たように、明と暗、天と地、男と女…といったように相反する性質・要素をもつ「陰陽」の気が、動いたり静まったり、集まったり散じたりすることによって万物が形成されるとするもので、宇宙の根源にある「太極《たいきょく》」が「両儀《りょうぎ》」に分かれて「陰」「陽」の気になったとされています。

また、「五行」論（五気論とも）は、木・火・土・金・水の五つの性質・要素をもつ気の消長、離合集散によって万物が形成されるとするもので、土を中心に、「陽」儀から木・火が生じ、「陰」儀から金・水が生じ、五行（五気）はさらに「相生《そうせい》・相克《そうこく》」の関係によって自然界の循環を繰り返しているとされています。

「相生」とは、木が（木を擦《す》れば）火を生じ、火が（燃え灰となって）土を生じ、土が（土中に）金を生じ…といった五行相互間の「生みだす」関係を指します。一方、「相克」とは、木は土（を穿《うが》って土）に克《か》ち、土は水（を堰《せ》き止めて水）に克ち、水は火（を消し止めて火）に克ち…といった五行相互間の「うち克つ」関係を指します。なお、「相克」はまた「相剋」とも「相勝《そうしょう》」とも言われます。

また、五行の「木」には季節では春、方角では東、色では青（蒼）が、「火」には夏・南・赤（朱）が、「土」には土用・中央・黄が、「金」には秋・西・白が、「水」には冬・北・黒（玄）があてられます。高松塚古墳の壁画などで、東に蒼龍、南に朱雀、西に白虎、北に玄武が描かれているのも、こうした五行論に基づく四行―四方の配当によるものです。

それればかりではありません。東洋医学ではさらに、「木」には目・筋・爪・涙といった身体上の各部や体液、肝臓・胆嚢といった臓腑（内臓）、酸っぱい・臊《あおくさ》いといった味や臭い、怒りや魂《こん》といった感情や精神作用までがあてられています。

ちなみに、「火」には舌・血脈・肌毛・汗・心臓・小腸・苦い・焦《こげくさ》い・喜び・神《しん》が、「土」

には口・肌肉・乳・涎・脾臓・胃・甘い・香ばしい・思慮・意智が、「金」には鼻・皮・息・涕《なみだ》・肺・大腸・辛い・腥い《かねくさ》・悲しみ・魄《はく》が、「水」には耳・骨・髪・唾・腎臓・膀胱・鹹い《しおから》・腐い《くされくさ》・恐れ・精志が当てられるといったあんばいです。

これらは、古代の人々の素朴な経験則を反映し体系化したものとして、自然界の物質観や相互作用、相互変化、循環論をあらわしたものとして、その慧眼ぶりに目を見張らされるものもあれば、今では首をかしげざるをえないものもありますが、いずれにしても古代の自然観、科学観として注目に値するものです。

「対立」から「互性」へ、深まる思想

ところで昌益によれば、万物は有機的に連関しあった存在で、特に、明と暗、天と地、男と女…といったものは、目に見える現象体としては相互に対立しているように見えながらも、実は、相互に相手の要素（本性《ほんせい》）を内包しあい、相互に規定しあい補いあい、時には相互に転化しあうもので、一つのものの二つの側面、二つの現われであって、切り離すことのできないものだというのです。昌益はこうした関係を「性《せい》を互《たが》いにする」「互性《ごせい》」と呼んでいます。

ところが『易』に代表される東洋の伝統的な考えでは、明と暗、天と地、男と女といったも

のを「陰陽」の両儀として別々のものに分離し固定したうえ、「天は尊《たっと》く地は卑《ひく》い」というように価値的な差別を設け、男尊女卑、官尊民卑…といった社会的な差別の体系を作り上げ、固定化している、と昌益は批判します。昌益による「二別《にべつ》」批判です。

そのため昌益は、固定的・形式的・差別的な伝統用語「陰陽」を廃して、気の運動方向、気の運動の性質を表わすプラス・マイナスに相当する「進退」という没価値的な用語を使うようになりました。「陰陽」五行論から「進退」五行論への転換、伝統的陰陽論の持つ「二別」批判であり、単なる言葉の置き換えではなく、二別的な価値観からの脱却、二別的な社会構造への批判の開始です。

ちなみに、気の運動量は「大小」で表わし、気が小さく進むと「木」、大きく進むと「火」、小さく退くと「金」、大きく退くと「水」として現われ（現象体）、木の場合であれば、木の属性である青色・酸味・臊臭・穏和…といったものとして顕現します。

そして、木として現われたものの中には、火の要素、土の要素、金の要素、水の要素が内包されているとされます。昌益の表現で言えば、「五行にして一行、一行が五行」となります。

何やらお経の文句、同語反復《トートロジー》のようですが、最も身近な季節の移り変わりで見てみますと、春（木）から夏（火）、夏から秋（金）、秋から冬（水）、冬から春…と季節は巡り、季節の転換点に土用（立春・立夏・立秋・立冬の前の各一八日）が位置します。

こうして季節の違いに注目すれば、一年に四つの異なった季節、異なった現われがある（五行）ことになりますが、いっぽう、季節の違いを判断し測定するための指標、気象条件・気候条件は、日照時間の長短や、暑さ寒さ、湿度・乾燥度、風向き、降雨量…といった共通なもの（一行）によっているという意味で、季節という概念は一つだとも言えます。

つまり、季節には、日照時間・寒暖・風向き…といった共通の要素（一行）が内包され、暑さ寒さ…といった各要素の量的な違いによって季節の違い（五行）が現われてくるのです。「五行にして一行、一行が五行」と言われるゆえんです。

昌益は、こうした転換点に位置する「土」の役割を「革就《かくしゅう》」（革《あらた》め就《つ》ける）、「就革」（就け革める）と呼んでいます。春から夏へ、夏から秋へ…と季節を「革《あらた》め」、しかも季節ということでは一つに「就《つ》け」ているからです。

伝統的な中国思想でも、五行論と言いながら、季節で土用、方角で中央…というように、「土」は特殊な位置を占めていました。昌益はそうした位置づけをふまえ、思索を深める中で「土」を世界観の根本に据えました。

「五行」のうちから「土」を根元的な実在「活真《かっしん》」（活《い》きて真《まこと》）として取り出し、他の四行の気を生みだすものと位置づけました。「四行」論への転換です。

それは一見、単なる「五行」論の組み替え―数字のつじつま合わせのように見えながらも、実は、狩野亨吉が『内外教育評論』の「大思想家あり」でも、『世界思潮』の「安藤昌益」でも注目していた「互性活真」論の創出であり、思想的な飛躍、真の意味での安藤昌益的世界観の確立と言えるものなのです。

「森羅万象」に学ぶ

昌益は、伝統的な「陰陽」五行論を「進退」五行十気論に組み替え、さらに「進退互性」「四行八気」論へと思想的飛躍を遂げたばかりでなく、さまざまな点で伝統思想を批判し超克すべく、独自の用語・独自の概念を創出していきます。昌益の文章、昌益の思想が難解だと言われる要因の一つがこのあたりにありそうです。

なお、従来昌益の思想、昌益の文章が難解だと言われてきたことには、さまざまな要素があります。

一つには、伊藤仁斎《じんさい》や本居宣長の著作と同じように、二五〇年も昔の古典、昔の文章を現代人が読むことにともなう、ごくごくあたりまえの難解さです。

二つ目には、明治維新以来の日本が西洋に追いつき追い越せとばかりに、西洋近代科学一辺倒に終始した国づくり、社会づくりをしてきたため、私たちのものの見方や考え方が伝統世界から断ち切られてしまったことによるものです。漢文で書かれた文章への馴染みのなさや、先に見てきたような漢方医学を支える運気論（陰陽五行論）の世界もその一つです。

三つ目としては、従来、昌益の著作の読み手の多くが社会科学系、人文科学系の人たちで、昌益の説く運気論的な自然哲学―自然科学的な世界に馴染みが薄く、理解に困難が伴いがちなことによるものです。

とはいえ、川村寿庵こと錦城が『医真天機』で昌益について「言《こと》尽《ば》くさざるあり」と苦言を呈していたように、当時の人にとっても難解な側面があったことも事実でしょう。伝統思想との格闘の中から新たな思想を生み出すにあたっての産みの苦しみ、新しい酒を盛るための新しい革袋＝新しい概念や用語の創出が必要だったためです。

前項で見てきた「二別」や「互性」、「革就」「活真」といったものがそうしたものの一例です。その他にも特徴的なものをいくつか見てみましょう。

たとえば、伝統的な「天地」という言葉が、天尊地卑、男尊女卑、官尊民卑といった上下の差別思想と不可分なため、天に替えて「転《てん》」を、地に替えて「定《ち》」を当てて、「転定《てんち》」と表記し、天地宇宙を表わしました。なぜならば、この天地宇宙は常に生き生きと（転々と）運動し、大地は中央にあって、どっしりと動くことがない（定まっている）からです。

なお、昌益の宇宙観、天体観とも関連することですが、「定《ち》」は大地というよりも「海」を指し、大地を指す言葉としては、中央にある陸土という意味で「央土」という言葉を使います。つまり、地球というよりは水の惑星としての水球といった認識です。この点については、いずれ昌益の天体論、宇宙論のところで改めて見てみましょう。

また、従来からあった言葉をそのまま使いながらも、そこにまったく新しい、まったく独自な意味を与えて使用した例もあります。たとえば、「自然」という語があります。

「自《ひと》り然《す》る」と「直《てずか》ら耕す」

狩野亨吉は、『世界思潮』に掲載された「安藤昌益」の中で、昌益の「自然」についてこう言っています。

「自然という文字の連発…行列をなしていると云うべきか、経緯をなしていると云うべきか、到るところに出て来る。凡《およ》そ古今東西の書物で自然と云う語をかくも多く用いているのは断じて無いと思われる」と。つまり昌益の思想の中心は「自然」にあるというのです。的確な指摘と言えるでしょう。

さて、昌益のいう「自然」とは、現代語の自然とほぼ同じように、人為によらずに存在するもの全て、天地宇宙の間に存在するありとあらゆるもの、森羅万象《しんらばんしょう》を指す言葉です。しかも、「自《ひと》り然《す》る」「自《われ》と然《す》る」「自《わ》が然《す》る」とも読まれるように、単なる物質存在ではなく、同時にその運動性・生命性が強調されている点に特徴があります。

つまり、この世界、この宇宙は、生き生きとした運動する物質によって構成され、宇宙そのものが瞬時も休むことなく生き生きと自己運動している、生命活動をしているというのです。「自感《じかん》」（自《ひと》り感ずる、自り感《はたら》く、自り感《うご》く、自り感《かせ》ぐ、とも読まれます）や「自行《じこう》」といった言葉も同じことです。

なお、「自」（ひとり）ということが強調されるのは、運動のエネルギーが、外部からの働きかけではなく、内部にあるということを指しているからで、万物の内部に存在する生命力の発露が、生きとし生けるものばかりではなく、無機物も含めて、この宇宙の全存在だということを示しています。

日本人の自然観として一般に言われるように、それまでの「自然」の語は「自《おの》ずから然《しか》る」——おのずとそうなる、という観照的なものだったのに比べ、昌益のそれは、「ひとりする」「われとする」というように、極めて主体的、動的であることが特徴的です。

大地の生産力、大地の生命力を背景として、人々の生活の糧《かて》である食料を、日々の暮らし、人々のいのちを支える穀物や野菜を生産する農民の実感そのものであり、都市の消費者として自然を鑑賞—観照するのではなく、いのちを育くみ、いのちと共にある生産者の立場からする「自然」の見方、把握の仕方と言えるでしょう。

こうした「自然」の語と表裏一体のものとして、昌益の思想を最も特徴づける言葉に「直《ちょっ》耕《こう》」という用語があります。「直《てずか》ら耕《たがや》す」とも読まれ、農民の直接労働、農業労働、生産労働を指す言葉であり、昌益の創出になるもので、それ以前にはなかった日本語です。

しかも、昌益によれば、「直耕」は単に農民の生産労働に限りません。宇宙の根源的実在である「活真」が天地宇宙を生みだし、その存在を日々維持しているのは「活真の直耕」によるものであり、天地宇宙が「転々」として運回し、四季を巡らせ万物を生み育てているのは「転《てん》定《ち》（天地）の直耕」だというのです。

そればかりではありません。自然界の基礎である「草木《そうもく》」（植物）が大地から養分を吸収し、自らの力で盛育していくのは「草木の直耕」、鳥獣虫魚の「四類《しるい》」（動物）の大が小を食らい食料とし、いのちを維持していくのは「四類の直耕」とされ、自然界の生命循環、生態循環その

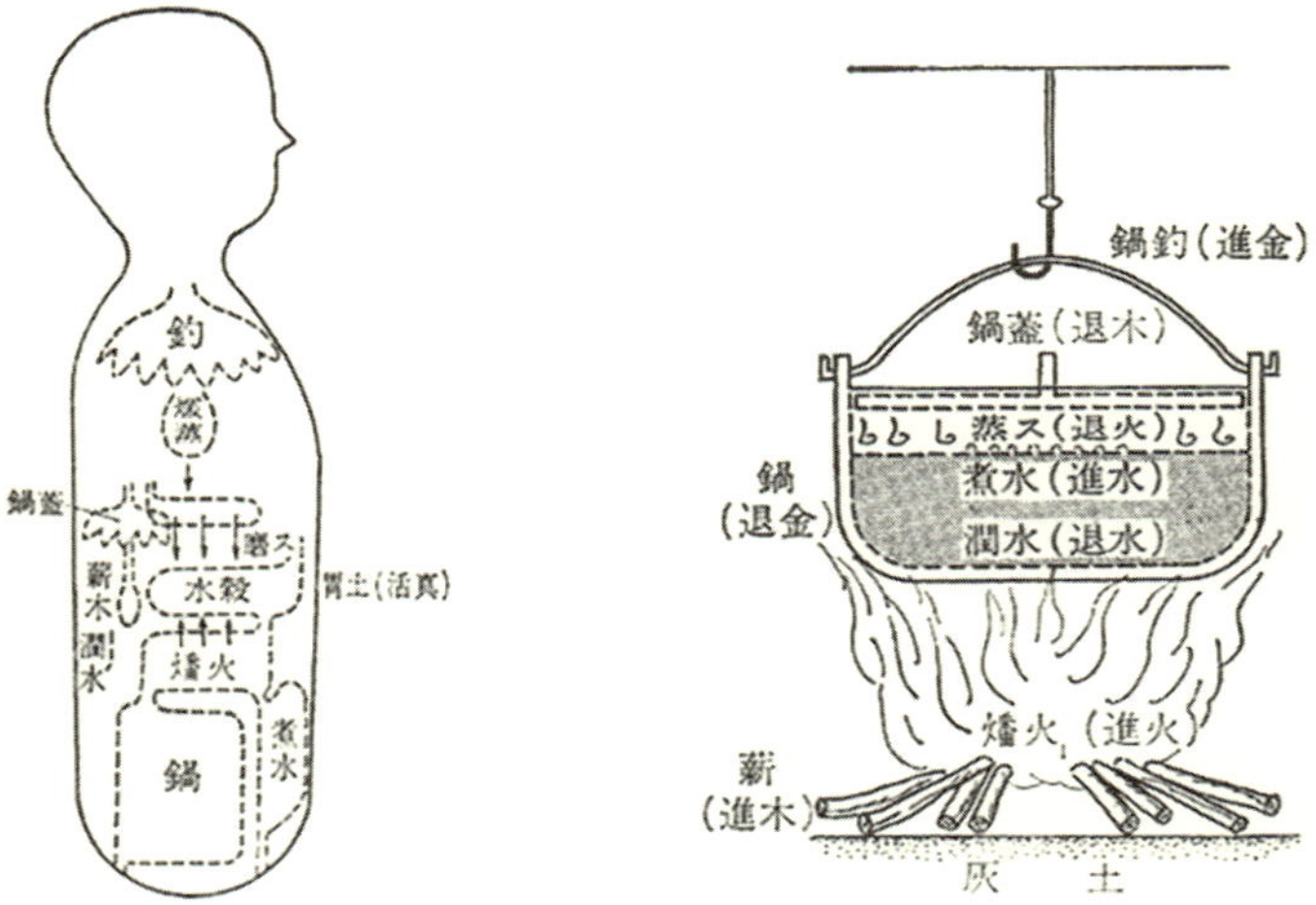

「胃土活真の直耕」(左)と、「炉土活真の直耕」(右)

ものが「直耕」の一語でくくられます。

さらに、晩期の稿本『自然真営道』「大序」巻には、「炉土活真の直耕」「胃土活真の直耕」という言葉さえ見られます。食材が炉で煮炊きされることで初めて食物となり、摂取された食物が胃の消化作用で栄養となり吸収されて、いのちをつないでいくこともまた「直耕」と表現されるのです。

いわば昌益にあっては、「自然」が客観的表現であるのに対して、「直耕」はそれを擬人化・主体化させた表現だと言えるのではないでしょうか。

仏教と昌益

「不耕貪食」の徒として釈迦を批判

昌益の生涯、著作、思想的格闘をふまえて、以下、本格的に安藤昌益の思想について見ていきたいと思います。

昌益が仏門（禅門）で修行し、悟りを開き印可まで授けられながら、性―生を否定し無や空を至上とするその教義に納得がいかず、やがて仏門を去り、医学（儒医）の道へと転身した経緯については、先に見てきたところです。

そうした自己の経験もふまえたかたちで、昌益はのちに『統道真伝』「糺仏失《きゅうぶっしつ》」巻、稿本『自然真営道』第七「私法仏書」巻で、仏教に対する全面批判を行います。

昌益の仏教批判を見る前に、昌益の生きた江戸期の仏教について簡単におさらいをしておきましょう。

昌益が八戸在住時代に真言宗の願栄寺門徒として「宗門改め」に記載され、没後は郷里の曹洞宗・温泉寺に葬られたことでもお分かりのように、江戸時代は徳川幕府のキリスト教禁圧政策の下、檀家《だんか》制度とも寺請《てらうけ》制度とも呼ばれる宗教政策、寺の管理する戸籍制度によって、人々は必ずどこかの寺院に配属されていました。

いわば幕府の民衆統制、統治機構の末端を寺院が担っていたもので、仏教は幕府に庇護され、政治的にも経済的にも安定するいっぽう、教義的、思想的には見るべきものがほとんどなく、僧侶の生活も乱れがちで、昌益の言う「売僧《まいす》」そのものといった実態にありました。

また、藤原惺窩《せいか》（一五六一～一六一九）、林羅山《らざん》（一五八三～一六五七）、山崎闇斎《あんさい》（一六一九～八二）といった、徳川幕府の官学―儒教イデオロギーを確立した人々がいずれも仏門の出ということにも象徴的なように、仏教的世界・宗教的世界から世俗的世界へ、中世から近世へと時代精神が転換したのが江戸期であったと言ってもいいのかもしれません。

儒者による仏教批判は、「只、日本の盗賊は出家《しゅっけ》なり」（本多正信）、「仏法は天下古今の大害」（中井竹山《ちくざん》）といったものを始めとして、一般的には以下のようなものでした。

①釈迦が家族を捨てて出家し悟りを求めたことは、利己的で人の道に外れる、

②釈迦にならって出家が良いこととされるが、出家は社会を否定し社会からの離脱を勧めるもので、人の道に反する。

③仏教ではありもしない地獄・極楽を言い輪廻《りんね》からの解脱《げだつ》を説くが、これは死への恐怖に発するもの、生死は気の集散によるものであり、生死ともに受け入れるべきもの。
④仏教では死体を火葬に附すが、これまた人の道に外れている。
⑤仏教の邪婬戒《じゃいんかい》が守られず、仏僧が邪婬にふけり畜生同然の堕落をくり返すのは、邪婬戒がもともと天理に反したものだから。
⑥仏教では開山、中興などと称して大伽藍《がらん》を多く建立するが、これは山林・国土を浪費するもの。

こうした批判に対して、仏者の側からは当然のように反論（護法論《ごほうろん》）がなされましたが、その多くは、儒者が現象、現世《げんせ》にとらわれて前世《ぜんせ》・来世《らいせ》を知らず、悠久の真理に到達しえない浅薄なものだという高踏的、観念的なもので、中には儒教の説くところも仏教の教えも同じといった形で儒仏一致を唱えるなど、多分に防衛的な姿勢に終始していました。

「性愛」否定する教義の欺瞞を突く

では、昌益の仏教批判は、どのようなものだったのでしょうか。昌益の仏教批判は、④を除いては儒者のそれとほぼ重なるところがありますが、より本質的、根元的な批判となっています。それは、釈迦の生き方への批判と仏教の教義批判とからなります。

釈迦の生き方への批判とは、王位にあった釈迦が王位を捨てたことは評価しながらも、家族の絆を断ち切り出家したことへの批判です。昌益にすれば「夫婦は…人倫・娑婆《しゃば》世界の太本《たいほん》」であり、「親子は…人倫相続の本《もと》、世界建立の根」であり、家族は社会の最も基本的な単位です。それを破壊しておいて何が仏道修行でしょう。

しかも、王位を捨てて人々と同じように農耕生活に入るならばまだしも、悟りを求めて修行生活に入ったというのです。釈迦も人の子、生物存在である以上、六年もの修行生活の間、断食生活を続けることなどできようはずもありません。穀物―食を離れて生きていくことはできないからです。托鉢修行と称して乞食生活、寄生生活をするしかありません。

「不耕貪食《ふこうどんしょく》」（耕さず貪《むさぼ》り食らう）の立場にあった釈迦が、王位を捨てて搾取をやめたとはいうものの、こんどは「不耕盗食」（耕さず盗み食らう）の寄生生活に入っただけです。

そればかりではありません。自らの寄生生活、托鉢修行が人々に慈悲心を起こさせ、善行を積ませ、成仏《じょうぶつ》に至らせるものとして正当化していると批判します。そんなものは「盗《ぬすびと》の言い分《わ》け」にすぎない、と。いや、そもそも慈悲心とはいいことのように見えながら、実は慈悲を受ける者に心理的負担を負わせるもので、「能《よ》き事に非《あら》ず」です。

しかも、人々に養われながら、高みから衆生《しゅじょう》を度《ど》す―衆生を救うとは何事だ、人々に敬われたいだけのことではないか、「逆倒したる迷い」だと批判します。

昌益の仏教批判の最も重要な点は、仏門を離脱するきっかけともなった男女の性愛、夫婦の性愛を否定する反自然的な教義にあります。それと共に、女性を汚《けが》れた不浄なものとして遠ざけ、仏道修行の妨げとする女性観、女性は悟りに至れないとする女性蔑視観にあります。人々が皆出家して独身主義を貫いたならば、世界は成り立たないと批判します。

昌益に言わせれば、殺生《せっしょう》・偸盗《ちゅうとう》・邪婬《じゃいん》・妄語《もうご》・飲酒《おんじゅ》を戒《いまし》めた仏教の「五戒」の教えを見れば、仏教の倒錯性がよくわかると言います。

釈迦が妻子・父母を捨てて出家したのは、家族の養育を放棄したもので殺人も同然ではないか、托鉢修行と称して人々の労働の成果を貪るのは盗みと同じではないか、女性を遠避《とおざ》けながら衆道《しゅうどう》（男色）、視姦《しかん》、手淫《しゅいん》に走るのは邪婬そのものではないか、ありもしない地獄・極楽を唱え人々を惑わせているのは妄語ではないか、自らの立てた教説に自己陶酔しているのは飲酒して泥酔しているようなものではないか、と。

そして、こうした倒錯した教えに惑わされ、それ自身「画に描いた餅」でしかない極楽往生を人々が願うようになったのは、物部氏《もののべ》の諫《いさ》めを聞かず、仏教を導入した聖徳太子の失《あやま》りだとして、物部守屋《もりや》の口を借りて激しく非難します。仏教導入以前の日本を「神国」として聖徳太子を弾劾するその語り口は、まるで神道家、国学者のようです。

昌益は、その後の日本における仏教の興亡をふまえ、多くの大寺・伽藍が建立されたのは、実は武家が一朝事《いっちょうこと》あった時に軍事に転用させるための軍陣（要塞・城）だと批判したり、一向宗の親鸞が非僧非俗の立場から「肉食妻帯」したことを「世俗に同じ」と高く評価し、「仏法滅却して自然の世に帰る前表《ぜんぴょう》」であると見ていました。

儒教と昌益

「濡儒安先生」から、徹底的な儒教批判へ

昌益が仏門を捨てて医学に転じ、儒医の修業をする中で医学とともに儒学を修め、八戸に現われた頃は、「濡儒安先生《じゅじゅあん》」と呼ばれたほど、儒学の教養に溢れ、儒学に傾倒していたことは先に見てきたとおりです。

その昌益が晩年は、「世は聖人乱し、心は釈迦乱し」と、釈迦（仏教）よりも聖人（儒教）

を槍玉《やりだま》に挙げて徹底的に批判しているのです。昌益の儒教批判は『統道真伝』「糺聖失《きゅうせいしつ》」巻、稿本『自然真営道』第四～六「私法儒書」巻で全面展開されていますが、いったい昌益に何があったのでしょうか。

そのことを検討する前に、江戸期の儒教の世界について、簡単に見てみましょう。

徳川幕府の官学が朱子学であったことは誰もが知るところです。朱子学は、南宋の朱熹《しゅき》（朱子のこと、一一三〇～一二〇〇年）が仏教や老荘（道教）の世界観なども取り入れて、自然哲学も包括した壮大な思想体系としてまとめあげたもので、孔子が体系化した儒教に対して、「新」儒教とも呼ばれています。

儒教が日本に伝わったのは、仏教よりも古く六世紀のはじめ頃と言われていますが、古代・中世の頃は仏教のほうが優勢で、儒教は寺院の一角で古典の教養の一環として、細々と教典研究＝訓詁《くんこ》の学が進められていたにすぎませんでした。

ところが近世に入ると、宗教から学問へという時代精神の趨勢もあって、僧侶の中から次々と仏門を離れ、儒教に宗旨替えをする人々が出てきました。先にみた藤原惺窩や林羅山、山崎闇斎といった人々がそうでした。羅山がまとめた師・藤原惺窩の伝記『惺窩先生行状記』に、その点が明らかです。『惺窩先生行状記』には、こうあります。

「われ久しく釈氏（仏教）に従事せり。然《しか》れども心に疑うあり。聖賢（儒教）の書を読めば信じて疑わず。道、果してここにあり。あに人倫の外ならんや。釈氏、既に仁種を絶ち（出家し独身となって）、また義理を滅しぬ。これ異端たる所以《ゆえん》なり、と」。

いっぽう、朱子学は、一人ひとりが徳を積み身を修めることによって、家を斉《ととの》え、国を治めることができ、それによって天下を平《たいら》かにすることができる（修身・斉家・治国・平天下）という内省的な道徳律をもっていました。そのため、天下泰平を標榜して秩序を重んじ、下剋上の戦国の世の再来を忌避する徳川幕府にとっては、何ともありがたい教えでした。

特に、家康・秀忠・家光の徳川三代の将軍に仕えた羅山は、「君臣の義・父子の親・夫婦の別・長幼の序・朋友の信」といった儒教の五倫《ごりん》の教えの中でも、君臣の義＝臣下による君主への忠義を強調し、封建的な上下の身分秩序を重視して、徳川幕府による支配を正当化するために力がありました。

そのため、自身の邸内にあった孔子を祀《まつ》る「孔子廟《びょう》」は、五代将軍・綱吉によって湯島の地に移築されて「聖堂」として祀られ、林家《りんけ》の学問として江戸期を通じて人々の上に君臨したばかりではなく、今でも学問・教育の発祥地として尊崇されているほどです。

ところが徳川時代も中期になると、幕藩体制にほころびが見えはじめ、朱子学についても見直しの機運が始まります。朱子学＝「新」儒教ではなく、本来の儒教、孔子・孟子の原典へ帰れ、とする復古という形をとった革新運動、古学の提唱です。

「古学」は、忠臣蔵に登場する山鹿流の陣太鼓で知られる山鹿素行《やまがそこう》（一六二二～八五）に始まり、在野の思想家・伊藤仁斎（一六二七～一七〇五）が「古義学」を提唱し、朱子学の「忠義」に代えて「仁愛」を説き続け、荻生徂徠《おぎゅうそらい》（一六六六～一七二八）が「古文辞学」を提唱して一世を風靡し、頂点に達しました。

そして、原点への回帰、復古といった風潮は、当然のことのように古代への関心を呼び起こします。古学ならぬ日本古来の「古《いにしえ》の道」を探る「国学」の誕生です。

そして、医学の分野でも、昌益の学んだ田代三喜曲直瀬道三といった室町から江戸時代前半に主流だった金元医学への批判―革新運動が、復古を旗印に「古方《こほう》」医学―「古医方《こいほう》」として台頭してきます。昌益はまさにこうした時代の転換点、さまざまな分野での原点回帰の運動の渦中に生きていたのでした。

国学、医学についてはのちに触れるとして、ここではまず儒学について見てみましょう。

「享保の改革」で知られる八代将軍・徳川吉宗に仕えた徂徠は、朱子学の内省的な側面、徳治主義による政治を「臆説《おくせつ》」であるとして全面的に否定し、中国古代の「聖人」が制作した「経世済民（世を経《おさ》め民を済《すく》う）の道」に立ち返るべきだとして、「聖人」を絶対視し、上に立つ者による外からの制度の再編強化、統治の強化を訴えます。

では、徂徠が信仰してやまなかったとも言える「聖人」とは、いかなる存在だったのでしょうか。「聖人」とは、東洋の思想世界、とりわけ儒教の世界では、知識や徳望がすぐれ、万事に通暁していて世の模範と仰がれるような理想的な人物で、こうした人物が君主として天下を治めることで、初めて理想の政治が実現する、天下国家が安定し社会の秩序が保たれる、とされています。

ところが昌益によれば、「聖人」こそが社会を混乱させた元凶であり、「聖人」こそが世のガンであるとして徹底的に批判、糾弾されます。いわば、先に見た「自然」の語と同じように、旧来の言葉を使いながらも、昌益によってまったく新たな意味を込められた言葉になったものであり、新たな概念の創出です。

昌益の言う「聖人」とは、「儒道統之図」にもあったように、伏義に始まり神農、黄帝といった中国古代の伝説上の皇帝、儒教で理想とされる治世を行った堯帝・舜帝、夏《か》王朝の創始者・禹王（紀元前二〇〇〇年頃）、殷王朝の創始者・湯王（紀元前一六〇〇年頃）、儒教で理想の世とされる周王朝の始祖・文王（紀元前一〇〇〇年頃）とその子・武王、周公の一〇人と、儒教の大成者・孔丘（孔子）を加えた一一人を指します。

伏義は「易」を始め、それを元に文字・学問が生まれ、神農は人々に農業を教えるとともに動植物の効能を調べて「本草《ほんぞう》」（薬剤）書を著わし、黄帝は臣下の岐伯《きはく》や雷公《らいこう》との問答を元に運気論の医書『黄帝内経』を著わしたとされ、東洋医学の祖と仰がれています。

堯帝は神農の始めた暦を整備し、窮民を基本とした仁政を施し、舜帝は金銀をもって天下の通貨とし、楽器を制作して人々の心を和らげ、禹王は銅貨の通用を始め…と、動物同然だった未開の人類に知恵を授けた恩人、文明の創始者、開拓者であり、理想の政治の体現者であるとされてきました。徂徠が尊崇して止まなかったゆえんです。

差別なき世界「自然の世」を唱える

ところが昌益はそうした通説、四〇〇〇年来の伝統的なものの見方、考え方に根本からの異議を唱えます。「聖人」の教えを受けたりしなくても、人々は内なる生命力の発露、環境への適応力、家族の絆、村落共同体の絆によって営々と「平和で平等な」社会を築いてきたではないか、安らかに暮らしてきた（安食安衣）ではないかと。

昌益は言います、「民に教えずと雖《いえど》も、自然の人《ひと》は…自り米穀を直耕し、生生し、転定《てんち》（天地）と与《とも》に常行して私に怠ること無き故に、神農の教えを候《ま》つ者に非《あら》ず。故に、伏羲・神農異《い》前《ぜん》（以前）の世は、無始に直耕して安食衣す。故に、神農より農業始まると云えるは、自然を知らざる妄偽なり」と。これが歴史の真実だ、と。

つまり、昌益によれば、「聖人」による恩恵下賜的な歴史観は、内発的発展という人類史の事実に反すると、妄偽＝人類史の偽造であるというのです。逆に、「伏羲、始めて王と為《な》り、耕さずして貪《むさぼ》り食らい、衆を誑《たぶら》かして収《と》り、貴ばれんが為《ため》に易を作りて文字・学問を始め…私を推して王と為《な》る。是《これ》、転下《てんか》（天下）を乱す始めなり」「君を立つるは奢《おご》りの始め、万悪の本」であって、王権の樹立こそが諸悪の根源だというのです。

なぜならば、「人は転下に只《ただ》一人」「上《かみ》無く下《しも》無く」「誰を治め、誰に治めらるということ、之《これ》無く」、人類はもともと上下の差別など無く、皆が自然とともに互いに助け合いながら、平等に生きてきたのです。昌益はこうした社会を「自然の世」と言います。

にもかかわらず、古代の中国では、一部の偏った知恵の持ち主、力の持ち主が、誰の承認、誰の同意を得たわけでもなく、人々を押しのけ自分勝手に権力の座に就き、人々の共有財産であるはずの土地と人々を―社会を、私物化し支配しはじめたのです。

「私を推して王と為《な》り」「転下（天下）の転下を奪いて吾《わ》が有《ゆう》と為し」「口説《くぜつ》を以て…衆人を誑かし」「衆人を追い使い」という、支配とそのことの正当化です。

そればかりか、「衆人の直耕の辛苦を省《かえり》みず責め取り、奢り貢《かざ》り華美を為す」として、搾取と支配によって支えられた贅沢三昧が告発され、「不耕貪食《ふこうどんしょく》」として熟語化されます。

なぜならば「聖人も貪《むさぼ》りてなれども、穀食せざれば成らず」、つまり聖人といえども生物存在である以上、食を抜きにしては生きられないからであり、食料を確保するためにこそ、搾取とそれを保障する支配とが不可欠だからです。

その結果、「君子と云うは道盗みの大将」「帝・聖と云うは強盗の異名なり」として徹底的に糾弾されます。それとともに、「兵乱を起こして、多く人を殺し奪うに非《あら》ざれば、王には成られぬなり」として、権力には武力・暴力がつきものであり、武力・暴力は権力獲得・権力維持のための前提でさえあることが指摘され、糾弾されます。

そして、こうして私有化・私物化して手に入れた天下・国家を他に手渡したくないため、世襲のため、社会の基礎であり根幹である一夫一妻制が破壊され、一夫多妻制が導入されたとして批判されます。

その元凶が、儒教で聖人と崇《あが》められている堯帝であり、舜帝なのです。

「堯王、自然の転下を盗み、吾が有と思いてか、舜に譲る…堯、舜を揚げ二人の娘を許し、姉は舜の妻と為り、娣《いもうと》は妾と為る…是、人倫を以て畜類と為《す》る始めなり…舜、二女を犯してより以来《このかた》、王侯《おうこう》・大夫《たいふ》、妻の外に妾を安き、妾の外に官女・腰元と名づけ、一男多女を犯し、転下・国家を盗み吾が有と為し、他胤《たいん》に譲《お》らざると為して此《こ》の畜生の業を為す」と。

一夫多妻が、女性を「子供を産む機械」とする女性蔑視観と表裏一体のものだったことは言うまでもないでしょう。女性が政略結婚の道具とされたのもそのためです。

そして、こうした性的乱脈＝一夫多妻が正当化され公認され、江戸時代には公娼制度としての遊郭が吉原（江戸）、島原（京都）、飛田（大阪）をはじめとして各地に林立したのです、町の繁栄のためだと称して。昌益は、廓《くるわ》に囲われる女性の背後に貧困問題、女性への人権蹂躙があることも見据えながら、この点を告発しています。

「私を以て貧家の娘の多女を拘養し、淫を好む男を誑《たぶら》かし…終《つい》に其《そ》の所の繁栄の為と号して、之れを営む者多く成り…今世に至りて国国に満ち、都市・大府には盛盛、之を業とす。僧俗の分義も無く、親子兄弟の恥分も無く、一女に多男、之を追い、多女に一男妾交し…」と。

こうして、自然界の存在法則に外れ、自然に反した「聖人」のありようは、当然のことのように、その点を合理化・正当化するための「嘘《うそ》・偽《いつわ》り」を必要とします。儒教をはじめとした虚偽の言説の存在理由がここにあります。

昌益は言います、

「聖人は耕さず貪り食らわんことを功《たく》み、衆の上に立たんことを謀《はか》り、直耕の人に養われながら、転下を治むと謂《い》いて転下の転下を盗むことを工《たく》み、偽法して衆を誑かすことを計る」

「己《おのれ》…貪食する故に、衆を誑かさんが為、必ず巧言を為さざれば成らず」と。

伏義・神農から周公に至る一〇人の「聖人」は、古代の伝説も含めて、皇帝として実際に人々の上に君臨した支配者です。そして、皇帝以外の者としてただ一人、昌益によって「聖人」に列せられたのは、搾取と支配を擁護した学者、欺瞞に満ちた学問―儒教の大成者、孔丘先生こと孔子です。

儒教崇拝者であったころ、「大成至聖文宣王」と孔子を最大限に持ち上げた昌益は、出版されなかったものの、『孔子一世辨紀』二巻を著わして孔子の罪状を告発します。若き日の愚かだった自分自身への告発も含めて。昌益の怒りはいかばかりだったでしょう。

老荘（道教）と昌益

老荘に学び、老荘を批判

小説『橋のない川』で知られる作家の故・住井すゑさんは、茨城県は牛久沼のほとりに住み、自らの家を「抱樸舎《ほうぼくしゃ》」と名づけていました。「樸」の字は「あらき」と読まれ、切り出したままの材木の意から転じて、人為の加わらない自然のままの素質や、飾り気がなく質朴、誠実なさまを表わすと言われています。

そうした名づけに象徴されるように、住井さんは安藤昌益を「老荘」（老子・荘子に代表される道教）の系譜において見ていました。「無為自然」を思想の根幹に据え、「小国寡民《かみん》」「無《む》可有之郷《かゆうのきょう》」といった理想郷を描いた老荘の世界は、なるほど昌益の世界とかなり似ているようです。

住井さんばかりでなく、昌益思想の源泉が老荘にあると見る人は他にもいるようです。事実、荘子が中国古代の大盗賊と言われた盗跖《とうせき》の口を借りて、孔子を「天下国家を盗む大盗である」

と批判したくだりなどは、昌益の言い分そっくりです。

とはいえ昌益によれば、老子も荘子も道家の諸子も「不耕遁世《とんせい》」、しょせんは直耕に携わることなく、世を遁《のが》れているだけではないか、本当の意味で「自然」が分かっていないではないか、とその言行不一致ぶり、思考の浅薄ぶりが批判されてしまいます。

兵学と昌益

あらゆる侵略・暴力を否定した平和論者

前項で見たように、昌益によれば権力支配には武力、暴力が不可欠とされます。そこで必要とされたのが、「兵家」と総称される人々によって説かれた学問、兵学とも軍学とも呼ばれる軍事研究です。昌益は、『統道真伝』「糺聖失」巻、稿本『自然真営道』「私法儒書」巻で、儒教批判、聖人批判、老荘批判とともに「兵学」批判を展開しています。

兵学・軍学は、武家社会としての江戸時代にあっては武士にとって不可欠の学問で、江戸期の支配思想は実は朱子学ではなく、兵学であったという見方さえあるくらいです。

先に見た「古学」の祖・山鹿素行が山鹿流「軍学」の祖でもあったように、兵家（軍学者）は儒者でもありました。なぜならば統治の学問とすれば、文治主義（儒学）か武断主義（兵学）か、という方法論の違い、程度の差にすぎないからです。

兵家で最も有名なのは、今でも「孫子《そんし》の兵法」で知られる『孫子』の著者・孫武《そんぶ》（紀元前三〇〇年頃）でしょう。ところが昌益は、孫子よりも、現在では釣り師の別名ともなっている太《たい》公望《こうぼう》（前一〇〇〇年頃）を取り上げて、兵家の祖として批判を集中しています。

いずれにしても、昌益の兵家批判、兵書批判は、発見者・狩野亨吉による「我道《わがみち》には争いなし、吾《われ》は兵を語らず、吾は戦わず」という昌益の言葉の引用とともに、「軍術用具」（軍備）全廃論、「軍学」（軍事研究）全廃論という徹底的な平和論として知られています。

そうした昌益評価の一つに、戦前の北昤吉《れいきち》による『戦争の哲学』があります。北は、二・二六事件で有名な北一輝の弟で、「最終戦争」としての大東亜戦争を合理化、正当化するため、ギリシャをはじめとした古今東西の戦争是認論、戦争否認論を概括しました。

そして東洋の非戦論として、ガンジーの非暴力無抵抗主義や、「兼愛」＝人類愛を説いた墨子《ぼくし》（紀元前四五〇～三九〇年頃）を挙げたのち、昌益を取り上げ、「恐らく、徹底非戦論者としての日本唯一の思想家たるのみならず、諸外国にも類例なきものと称することが出来よう」と、その徹底ぶりを紹介しています。

昌益の平和論は、また歴史学者、故・家永三郎さんによって高く評価されて『日本平和論大系』全二〇巻の冒頭に引用され、鶴見俊輔さんが監修した、平和を志向した近現代の日本人（韓国・朝鮮人、中国・台湾人を含む）約二六〇〇人を収録した『日本平和人物事典』にも、江戸期を代表する唯一の平和論者として取り上げられています。

それればかりではありません、現在ではオランダの人文主義者・エラスムス（一四六六～一五三六）の『平和の訴え』を超え、地球市民の立場から国際連合の設立に理論的基礎を与えたとされる哲学者・カント（一七二四～一八〇四）の『永遠平和のために』に匹敵する、世界史上の平和論の高峰といった高い評価さえあります。

こうした昌益の平和論は、豊臣秀吉の朝鮮侵略・薩摩藩の琉球（沖縄）支配・松前藩のアイヌモシリ（北海道）侵犯といった、同時代の日本の対外的侵略行為のみならず、歴代中国王朝やモンゴル帝国による版図《はんと》拡大といった歴史上のあらゆる侵略行為を「道に非ず」として告発しています。

それればかりか、「忠臣蔵」が喝采をあび、敵討《かたきうち》が美談として迎えられた江戸時代に、「君父《くんぷ》の怨《うら》みを報い、義を立て名を揚ぐと云うとも、又、怨みを招き敵を求め、乱を生ずる謀《なかだち》なり」として、敵討ちのもたらす負の側面をえぐり出し、批判しています。なぜならば、仇討《あだうち》が一見、忠義の表現であり、善事のように見えながら、実は憎しみの応酬―暴力の応酬、際限のない報復戦争を招くものだからです。現代の平和運動が「武力で平和は作れない」と訴えていることを、まるで先取りしているかのようです。

泰平の世に構造的暴力を見抜く

では、昌益はなぜ、このような先見の明を持つことができたのでしょうか。それは、いのちの糧《かて》を産み出す農民の子であり、いのちを守る医師であった昌益の全思想体系が、いのちの尊厳を中心に据えた「平和で平等な世の中」の実現を目指したものだからです。それはあたかも、ノルウェーのヨハン・ガルトゥング（一九三〇～現在）の説く現代平和学そのものと言ってもいいくらいです。

ガルトゥングが現代平和学の第一人者と呼ばれるのは、その徹底性と包括性・体系性、そして実践性によってです。ガルトゥングは、「平和」の反対概念を一般的に言われるような「戦争」ではなく、「暴力」であるとします。たとえ世の中が一見「平和」であっても、そこに「暴力」が存在する限り、人々は平和のうちに、心穏やかに暮らすことができないからです。

昌益の言う「安食安衣」ができないからです。

そしてガルトゥングによれば、戦争やテロ、拷問やリンチ・虐待のように、暴力の行使者と被害者―暴力行為が直接的で誰の目にも明らかないわゆる暴力のほかに、搾取や支配・抑圧、貧困といったように、目には見えなかったり見えにくかったりするものの、人々の生存を脅かし人々の可能性を奪い阻害する、間接的な暴力―社会に組み込まれた暴力があると言います。

さらには、無理解や差別・偏見、御用学者の言い分のように人々の目を曇らせ心の中に根を張って人々の生活を脅かす、無言の暴力があると言います。

ガルトゥングは、こうした暴力の三類型を、直接的暴力・構造的暴力・文化的暴力と呼んで、世界に遍在する暴力（紛争）の廃止を訴え、その低減を実践しています。

昌益の「兵家」批判、「兵学」批判が、直接的暴力の廃絶を目指していることは言うまでもありません。そして「不耕貪食」批判は、搾取・支配・抑圧や貧困の廃絶、構造的暴力批判にあたるでしょう。さらに、仏教批判、儒教批判は、伝統イデオロギーが人々の目を曇らせ、万物の存在法則＝宇宙の根本原理から眼をそらせる役割を果たす文化的暴力への批判ということができます。

ちなみに、昌益の平和論を高く評価した故・家永さんは、昌益の平和論の源泉が農民の心にあるとして次のように言います。「安藤昌益…が軍備全廃を主張しているのは、農民の間に流れている反戦的意識をはっきりと組織づけたものに外ならない…彼の反戦思想が農民精神を母胎としていることは疑いを容《い》れる余地がないであろう」と。

なぜならば「古来農民は平和の民である。農民は戦争を好まない。出征すれば田園を顧みることができなくなるし、戦場となれば農村は蹂躙される。農民の生活と戦争は両立しえない」からである、と。

ただ、昌益の平和論は単にそればかりではなく、同時に中国や日本の古典籍を渉猟し、また弟子の一人で長崎商船奉行の下役、おそらくは今で言う税関吏を介して知り得たオランダをはじめとした各国の歴史を考察する中から構想されたものだということができます。

昌益は、徳川の泰平の世の裏に、武威—構造的暴力が潜んでいることを見抜いていたのです。だからこそ、時代を超え地域を越えた、普遍性を備えたものとなったのです。

神道、国学と昌益

自民族中心主義を超えて

先にも見てきましたように昌益は仏教批判の中で、日本に仏教を導入し社会を混乱させた元凶であるとして、聖徳太子を徹底的に批判しましたが、物部守屋《もののべもりや》の口を借り、「神国」を振りかざして批判するその口ぶりは、まるで神道家、国学者のようでした。

それればかりではありません。『統道真伝』「糺聖失」巻末尾には、「漢土（儒教を始めとした中華文明）・天竺《てんじく》（仏教、インド文明）より日本を迷わし、暗晦《あんかい》の畜国と為す…是《これ》を漢土・天竺に送り、聖釈、自然の真道を盗みて転下（天下）暗闇《あんあん》と為す…其の妄失を知らしめんと欲す」と、まるで排外的民族ナショナリズムを彷彿とさせる文章さえ見られます。

では昌益と神道、国学との結びつき、関係はどのようなものとしてあったのでしょうか。

八戸の昌益の弟子の中には、白山宮の宮司・高橋大和守、神明宮の宮司・中居伊勢守といった神官がいたことが確認されています。特に高橋大和守の場合は、昌益の弟子たちが師に宛てた年始状と思われる手紙に名を連ね、晩年に開催された昌益一門の全国討論集会にも出席していて、高弟の一人であったことを示唆しています。

また先にも触れたように、昌益の性愛肯定論は、増穂残口という神道家の影響を受けたものだという説もあるくらいで、昌益の口ぶりが神道家、国学者のそれと重なるのも、無理からぬところがあるのかもしれません。

そのいっぽう、昌益には稿本『自然真営道』第九・第一〇巻の「私法神書」巻という、まとまった神道批判の述作があります。また、『統道真伝』の「糺聖失」巻、「糺仏失」巻にもそれぞれわずかですが神道批判が残されていますし、最晩年の『良演哲論』でも神道批判は繰り返されています。

ただ、昌益と神道とのつながりはまだまだ未解明なうえ、著作の大部分が関東大震災で焼失してしまったことからすると、永遠の謎として解明できない部分が残るかもしれません。

そうしたことをふまえたうえで、以下、現時点でわかる範囲で、神道、国学と昌益の関係について見てみましょう。

まず、昌益に影響を与えたと言われる残口ですが、もと日蓮宗不受不施派《ふじゅふせは》の僧侶で、六一歳のころ神道家に転じたと言われ、一時期、八戸にも住んでいたもののようです。高橋大和守の祖父とも交流があり、白山宮の縁起を著わしたりしています。

なるほど残口の主著『艶道通鑑《えんどうつがん》』に見られる「凡《およそ》、人の道のおこりは夫婦よりぞはじまる。男女有り而《しかして》、夫婦ありと。其の后、神も仏も聖人も出給《たま》う事ぞ。しからば、夫婦ぞ世の根源としれたるか」といったフレーズは、昌益のものと言ってもいいくらいです。

また「我が神化《しんか》、陰陽和合と祝《ことほ》ぐは、男女一双にして高下尊卑なし。然《しか》るに女は男の奴《やっこ》のごとく何事も男にしたがう筈《はず》と思うは、支那の礼格に迷いて我が国の道を失いたるなり」と、儒教道徳が人間の本性に反したものである旨を批判し、日本古来の道がすたれたことを嘆いている点でも昌益と相通じています。

残口研究の第一人者・中野三敏さんは、残口による昌益への影響について、断定を避けながらも、宝暦五（一七五五）年、信州の小川吉次という人物が残口の『小社探《ほこらさがし》』を筆写した文書の末尾に、排外思想や不耕貪食を戒める農本主義といった、昌益さながらの文言が残されていると指摘し、残口の影響の「一例証」として以下のものを紹介しています。

「他の国に我が国の道も法も奪われん事、恥とは思わずしてうつらうつらと飽くまで食らい、放《ほしいまま》に重服を着ながら闇然と今日を送る事、偪《でく》の房《ぼう》の境界、我が身ながら恥《はずか》しや…土は五行の父母、民は国の宝、耕さずんば食らわれず、耕さずんば着られず、金あらず寿《いのち》あらず。命あらざれば見られず、聞かれず、農業に勝ることわざは非《あら》じ…」と。

そしてこうした、外来思想への反発、排外主義—日本本来の道の探究を学問にまで高めようとしたものが、当時は「古学」や「和学」とも呼ばれた国学です。

国学は、僧・契沖《けいちゅう》の『万葉集』研究に始まり、荷田春満《かだのあずままろ》、賀茂真淵《かものまぶち》、本居宣長を経て、列強の包囲網の中、秋田出身の平田篤胤《ひらたあつたね》が説く幕末の尊王攘夷思想に至って頂点に達し、明治維新の原動力の一つとなります。

中でも大成者・本居宣長（一七三〇〜一八〇一）は、昌益と同じように後世方別派《こうせいほう》の堀元厚《げんこう》に医学を学び、古文辞学を唱えた荻生徂徠の影響を受け、昌益と同じように儒教道徳を、人間の本性に反した「漢意《からごころ》」として斥《しりぞ》け、日本古来の「神ながらの道」を称揚しました。

そうしたなか、儒者と国学者の間では、聖人の制作になるとされる文字（漢字）や書物、そこに記された歴史や礼楽・道徳の有無、それに対する口承や自然の真心、近親婚の是非などをめぐって、さまざまに論争が交わされました。

が、いずれの主題についても昌益は、儒者よりは国学者に近い位置にいたといってもいいでしょう。では昌益は、神道家、国学者と同じかと言えば、そうではありません。いたるところで、儒・仏・神の三教を批判しています。以下、昌益の神道批判について見てみましょう。

昌益は稿本『自然真営道』「私法神書」巻で、『旧事紀《くじき》』『古事記』『日本書紀』という日本の古代の歴史を伝える三つの書物を「三部の妙経」として俎上に載せています。

そして、宣長が『古事記』を重視し信仰の対象としたのとは違って、これら三部の書物の宇宙開闢《かいびゃく》譚や国産み神話、三種の神器などが、いずれも古代中国の書物や仏典に則《のっと》って、あるいはこれら古典籍の構成を借りて「私」に「法」《こしらえ》られたもので、日本古来の「真の神道」「自然の真道」ではないと批判しています。

ただ「私法神書」巻全体の構成はと言えば、こうした古代の「神書」批判を除けば、歴代の天皇を中心とした日本の歴史、通史を年代に沿って記述しながら、時々に昌益なりの論評を付したもので、完成された著述というよりは、読書ノートに近いものです。

しかも、「私法神書」巻には、「直耕」「不耕貪食」「転定」といった中期昌益の用語も見られるものの、五行論について見れば、「陰陽」の語と「進退」の語とが混在しており、陰陽五行論から進退五行論へ移行する過渡期のもので、先に見た昌益の思想的格闘による執筆時期の区分からすれば、かなり初期のものと見られます。

そのため、神功《じんぐう》皇后の三韓征伐や秀吉の朝鮮侵略を批判した部分を除けば、いわゆる昌益らしさは希薄です。そればかりか、尊王意識と見られかねない言葉遣いもあります。

ただ、「皇大御国《すめらおおみくに》は…万《よろず》の国に勝《すぐ》れ」と自民族中心主義を叫んだ宣長が、同じ国学者で『雨月物語』で知られる上田秋成《あきなり》や、大阪は懐徳堂《かいとくどう》の町人学者・富永仲基《なかもと》にその偏狭ぶりが批判されたように、国学はついに「学問」たりえなかったのです。

それに対して、同じように排外的な心情を共有し、あるべき日本の姿を追い求めていた昌益が自民族中心主義に陥らなかったのは、合理的な批判精神で日本史を解釈し、各国史を俯瞰するなかで自身をも日本をも、相対化しえていたからだと思われます。

伝統医学と昌益

伝統医学の見直しの中で

昌益が仏門を離れ、京都の味岡三伯の下で医学修業をし、八戸でも二井田（大館）でも医師として暮らしていたことはすでに見てきたところですが、昌益と伝統思想とのかかわりの最後に、伝統医学と昌益について見てみましょう。

これまでも見てきましたように、当時は儒教の世界でも、文芸の世界でも「復古」という形をとった革新運動、伝統的権威への異議申し立て、見直しが盛んでした。儒教内部の革新運動—古学の進展を受けて、外来の儒教そのものを廃棄し、日本の古《いにしえ》への復古を唱えた和学、国学が勃興してきたことは前に見たとおりです。

医学の分野でも、昌益が学んだ江戸時代前期に主流をなした医学、金元《きんげん》医学とも李朱《りしゅ》医学とも呼ばれた運気論医学が、臨床治療に役立たない空疎な理論、観念的な医学であるとして批判にさらされました。『内経《だいけい》』偽作論争と二火論争です。

中華民族の祖とも呼ばれる伝説上の皇帝で、伏義・神農に次いで聖人の三番目に挙げられる「黄帝《こうてい》」（紀元前二五〇〇年頃？）が、臣下の医師・岐伯《きはく》や雷公《らいこう》との問答体で編んだ中国最古の医書『黄帝内経』は「素問」と「霊枢」から成り、長いこと中国医学の「聖典」として君臨し、医師を志す者の必読文献とされてきました（今でも鍼灸の世界では、重要な古典とされています）。

ところが、江戸時代も中期になると、古典への実証的な研究が進み、『内経』は黄帝が作ったものではなく、ずっと「後世」になってから、黄帝に仮託して作られたものだということが言われるようになりました。しかも、「素問」の中の「運気七篇」は、唐の時代の王冰《おうひょう》（七一〇？～八百四？）が「素問」を整理する際に新たに編入したものでした。

こうしたことから、『内経』は聖人の制作した聖典、古典中の古典ではなく、後世の偽作である、書かれていることも抽象的・観念的で実際の医療には役立たない、もっと臨床に役立つ本物の古典に帰れ、張仲景《ちょうちゅうけい》（一五〇？～二一九？）の著わした『傷寒論《しょうかんろん》』こそ拠って立つべき古典である、といった原典回帰の革新運動が起こりました。

それまでの主流派を「後世方《こうせいほう》」と批判して自らを「古方《こほう》」「古医方」と名乗り、正統派を任じて理論よりも実践―親試実験を重んじた、名古屋玄医《げんい》（一六二八～九六）、後藤艮山《こんざん》（一六六〇～一七三三）、香川修徳《しゅうとく》（一六八四～一七五五）、山脇東洋、吉益東洞《とうどう》（一七〇二～一七七三）といった人たちです。

「聖典」としての立場を失った『内経』医学は、革新派の「古方」派の医師たちに顧みられなくなったばかりではなく、守旧派である「後世方」派の人たちによっても内容的な批判が加えられるようになります。その一つが「二火」論争です。

「二火」とは、運気論医学の基礎である陰陽五行論のうちの「火」だけに「君火《くんか》」「相火《しょうか》」の二火を配当したものです。そして木・君火・相火を「三陽」、土・金・水を「三陰」として、経絡《けいらく》（血で言えば血管に当たる体内の気の運行路）や臓腑（内臓）に配当したもので、十二経絡、六臓六腑など、「三陰三陽」の概念として運気論医学にとって重要な役割を果たします。

ところが、こうした恣意的な配当は当然のように批判の対象となります。なぜ火だけが二火なのか、二木、二土、二金、二水は無いのか、と。しかも、「君火」「相火」という言葉が端的に表わしているように、「二火」とは「君」主の火と宰「相」（臣下）の火という意味で、昌益が批判した上下の封建制身分秩序──「二別」（差別）を体現した概念です。

「いのちの尊厳」に拠《よ》って立つ

昌益は、まさにこうした論争の渦中にいたのです。仏教、儒教、神道といったイデオロギーならば、卒業して脱ぎ捨て着替えることもできるでしょう。しかし、ことは深刻です。自らの生業《なりわい》、自らの拠って立つ医学の世界のことなのです。

昌益はおそらく後世方でも古医方でもない第三の道、今で言うオルタナティブな医学を目指します。安易に「後世方」を捨て去り「古医方」に乗り換えるのでもなく、自らを育んだ「後世方」の枠内に留まりながら、なおかつ負の遺産は負の遺産として受け止めて乗り超え、時代に則した医学を創造するという最も困難な道を選んだのでした。

昌益は、刊本『自然真営道』や『統道真伝』「人倫」巻で、二火と土を陰に配属することの失《あやまり》──恣意な自然解釈をくり返し批判し、自然界の事実に基づくべきことを訴えます。昌益の

「二別」（差別）批判が、「二火」批判に淵源を持つものかどうかは速断できませんが、二火批判が二別批判の一因となったであろうことは確かでしょう。

昌益は、古方派の一部が、後世方医学がもっていた理論性・体系性や社会医学としての側面を批判するあまり、劇薬で副作用が出ても、それは治療効果の一過程であって医師は生死に与《あずか》らない、といった職業倫理・社会意識を顧みない態度とはまったく逆でした。

そして苦闘の末に打ち立てたのが、いのちの尊厳を基軸とする真営道医学です。現代の私たちからすれば当然のように見えることですが、真営道医学の体系は、漢方医学四〇〇〇年の歴史においてコペルニクス的な転換をもたらすもので、農文協版『安藤昌益全集』の編集代表だった寺尾五郎さんが解明したものです。

伝統医学の体系、従来のすべての医書の体系は、成人男性の内科治療を対象とした「本道」を中心に、婦人科や小児科は最後のほうに添え物のように扱われていただけでした。なぜならば成人男性とは、天下国家にあっては帝王であり、家にあっては主人であり、封建制身分社会にあっては最も大事にされた存在だったからです。

『産婦人科』を筆頭に「真営道医学」を体系化

それに対して、真営道医学では「女ありて児あり、形ありて病あり…故に序《ついで》は婦人科を以て先となす」と、いのちの根源にさかのぼって産婦人科を冒頭に置き、小児科がそれに続き、次いで男性の泌尿器科、人間の五感を形づくる五官についての耳鼻咽喉科、その次が内科、外科、そして最後に精神科が置かれるという画期的なものでした。

すでに見てきたように、昌益が八戸の町医者として臨床家として腕が良かったことは、藩の上層部にも知られ、藩の賓客の治療にあたったり、家老の治療にあたったり、何人もの弟子が藩のお側医だったことでも明らかです。

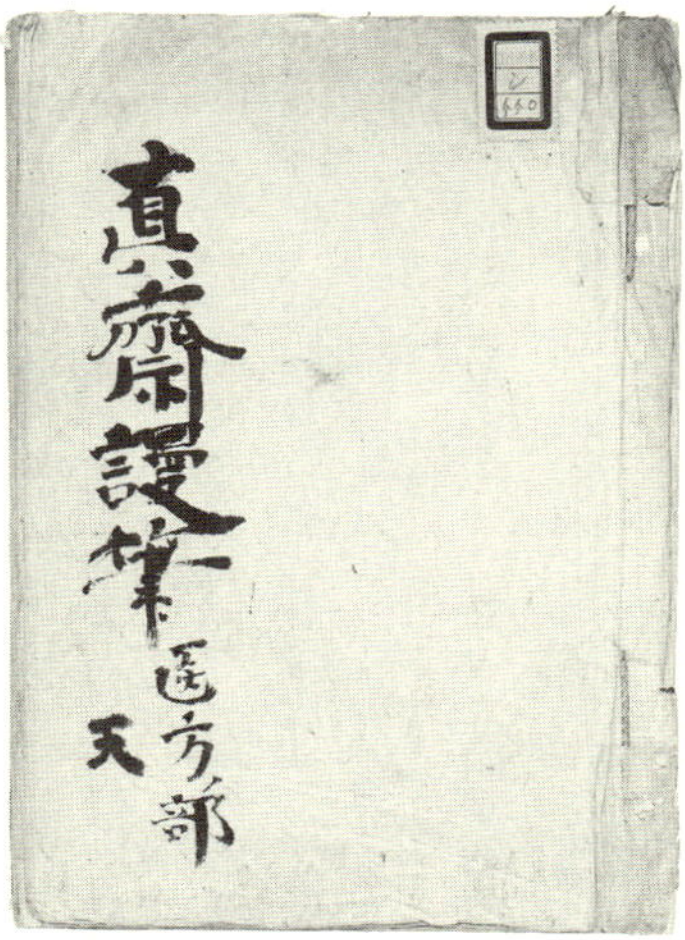

昌益医学を筆写した『真斉謾筆』第１巻表紙

そして、小児の腹痛によく効くとされた昌益の処方「安肝湯《あんかんとう》」は、盛岡藩のお側医・佐々木寿山の『松柏堂方彙《ほうい》』に収録されていただけではなく、実は『皇国名医伝』を著わした浅田宗伯が、古今東西の処方の中から効能の高いものだけを収集した『方函《ほうかん》』にも、「安肝湯　安藤昌益伝」として収録されていたのです。

そればかりではありません。この間の研究で、昌益の説いた排卵周期説は、オギノ式の避妊法で知られる荻野久作に先立つこと一五〇年の画期的なものとして評価され、昌益の夢論は、フロイトの『夢判断』の先駆けとして、現代の夢解釈に近いものとの高い評価もあります。さらに昌益の精神医学は、後継者に恵まれ近代にまで継承されてさえいれば、日本の精神医学の鼻祖《びそ》となりえたものだったとの評価があるほどです。

天体論、宇宙論と昌益

西洋渡来の「地球説」を支持

昌益の天体論、宇宙論は先にも見てきましたように、「確龍先生自然数妙天地象図」と『暦之大意』、刊本『自然真営道』巻一と、初期・中期のものしか残されていません。ただ、昌益の合理的精神、科学的精神を見るうえで、また当時の時代精神を見るうえでも重要だと思われますので、再度ふり返って見てみましょう。

江戸時代は徳川幕府の官制イデオロギーである朱子学（儒学）や兵学、仏教、神道、国学のほかにも「実学」と総称される、幕末から明治維新以降の近代西洋科学との橋渡しをするような実証的、実際的な学問─実事求是《じつじきゅうぜ》の精神が発展しました。

新田開発にともなう土木技術の発達や、各藩が進めた特産品の開発、和時計やからくり人形に結実した工作技術の発展、各種の動植物『図譜』や『図会』に描写された自然観察の緻密化、精巧化などが育んだ実証的な精神です。

『和俗童子訓《わぞくどうじくん》』で女性差別の封建道徳を説いた貝原益軒（一六三〇～一七一四）がいっぽうで、日本で初めてとなる本格的な観察に基づいた本草《ほんぞう》（動植物）書『大和本草《やまと》』を著わしたり、宮崎安貞《やすさだ》（一六二三～九六）の『農業全書』をはじめとして、江戸期を通じて各地に「農書」が続々と生まれたのも、そうしたものの表われでしょう。

そうした実証精神を促したものの一つが、鎖国下にあって西洋文明の唯一の窓口であった長崎は出島経由の阿蘭陀《おらんだ》医学、西洋医学です。

もう一つは、八代将軍吉宗により牽引された享保の改革によって、キリシタン書以外の洋書の輸入が解禁されるなかで入ってきた、西洋天文学の知識があります。昌益自身は未だ地動説に接してはいませんでしたが、明らかに地球説には接しており、自らの世界観の形成にあたって地球説を取り入れています。

地球を〝水の惑星〟とイメージ

もっとも昌益の地球説は出島経由のものではなく、それ以前にマテオ・リッチ（中国名・利瑪竇《りまとう》）などイエズス会士が中国にもたらした、プロレマイオスの九層の天といった地球天動説による宇宙像を取り入れた井口常範《つねのり》（生没年不詳）の『天文図解』（元禄一年刊）などによっているようです。

昌益は、仏教の宇宙観・天文観で、幕末から明治の初年頃まで一部の熱狂的な仏教徒によって信じられていた「須弥山《しゅみせん》」宇宙論を、「衆を誑《たぶら》かす種と為る徒《いたず》ら言《ごと》」「評するに足らず」として全面的に斥《しりぞ》けています。

また、中国古来の宇宙論、天体論として、天は円《まる》く大地は方形であるとする「天円地方」説＝蓋天《がいてん》説（周髀《しゅうひ》説とも）や、天には形体がなく無限の空間であるとする宣夜《せんや》説、宇宙を鶏卵にたとえた渾天《こんてん》説の三つを取り上げ、批判しています。

もっとも渾天説は、時代が下って紀元一四〇年頃に成立した分、中国古代における自然観察の進展を受けて実際の天体の運行を反映し、昌益の説く宇宙の形状に近似しています。

いずれにせよ昌益の宇宙像、天体論は、仏教天文学を批判し、中国伝来の宇宙論を批判して、西洋渡来の━地球を宇宙の中心に据え、その周りを九層の天が運回するという長円体、楕円体《だえん》の宇宙であり、地球天動説でした。

九層の天とは、宇宙の中心である地球を核に、そのまわりを玉葱やマーブルチョコレートのように、第一天は月を載せ、第二天は木星を載せ、第三天は金星を載せ、第四天は太陽を載せて…と、層状をなして各天が覆い包んで、回転しているというものです。

ただし昌益の場合は、先にも触れたように、地球というよりは水球であり、大地（央土）は海中に点在するというもので、水の惑星といった認識のようでした。

「人は小宇宙《ミクロコスモス》」という言い方は洋の東西を問わずよく言われることで、昌益自身「大に転定《てんち》（天地）、小に男女《ひと》」とか、「男女は乃《いまし》い小天地なり」と言っています。人は大宇宙《マクロコスモス》が凝縮したもの、天地宇宙の存在法則が凝集しているという意味です。

ところが昌益によれば、小宇宙は人間男女ばかりではありません、動物も植物も生きとし生けるものの形態は、すべて楕円体（長円）を基本としているというのです。なぜならば、すべての存在＝万物は宇宙の存在法則を宿したものであり、宇宙の存在法則を離れては存在しえないからです。昌益は言います。

「転定の体は長円の貌《すがた》なり。此《こ》の長円の体より生ずる人・万物なる故に、人身は乃《すなわ》ち長円の貌なり…鳥獣虫魚（動物）…皆悉《ことごと》く長円の貌を離れず。草木…如何様《いかよう》に細長く、薄《すすき》の如《ごと》くなる者も、長円の貌を離れず」と。

昌益はさらに、この宇宙の外《ほか》にまた別の宇宙が存在するのか否《いな》か、存在するとすればその宇宙の組成は何か、といった壮大かつ根源的な問いを自らに立て、この問題に答えています。

『統道真伝』「禽獣」巻の第三章「転定の外、亦《また》有り無しの論」にはこうあります。

「此《こ》の転定の外に別の転定有りて、人倫・万物有りて、此の転定に異ならざるか。亦《また》、別の転定にして別物あるか。亦、此の転定の外は如何なる有様なるや。亦、此の転定の外は必至《ひし》と無きか…汝、之を知るや」。

「答えて曰《いわ》く…吾が外に有りて、人有りと為《す》れば吾なり。人無しと為《す》れば吾なり。吾が外の人も人なり。吾も人なり。人は転定なれば、此の転定の外に有りと為《し》ても又転定なり。無しと為《し》ても転定なり…故に此の転定の外の有様も、又此の転定なり。故に此の外、無しと為れば、此の転定のみ」と。

何やら難しそうですが、じっくり読みこんでみましょう。質問文は比較的分かりやすそうです。「この宇宙の外に別の宇宙があって、そこにはやはり人間や動植物がいて、この宇宙と違ったところがないのだろうか。それとも、この宇宙とはまったく別物で、別世界なのか、いったいいかなる有り様なのか、いや、そもそもこの宇宙以外の別の世界などまったくありえないのだろうか」と。

答えは多少難しそうですが、丁寧に読んでいけば、そうでもありません。

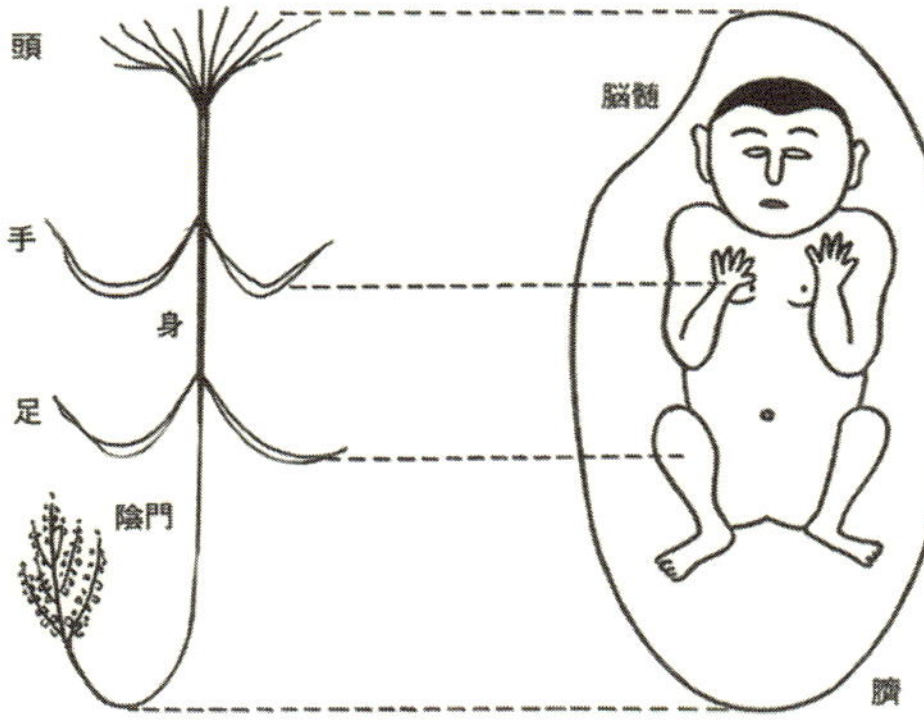

穀物と人の逆立対称図

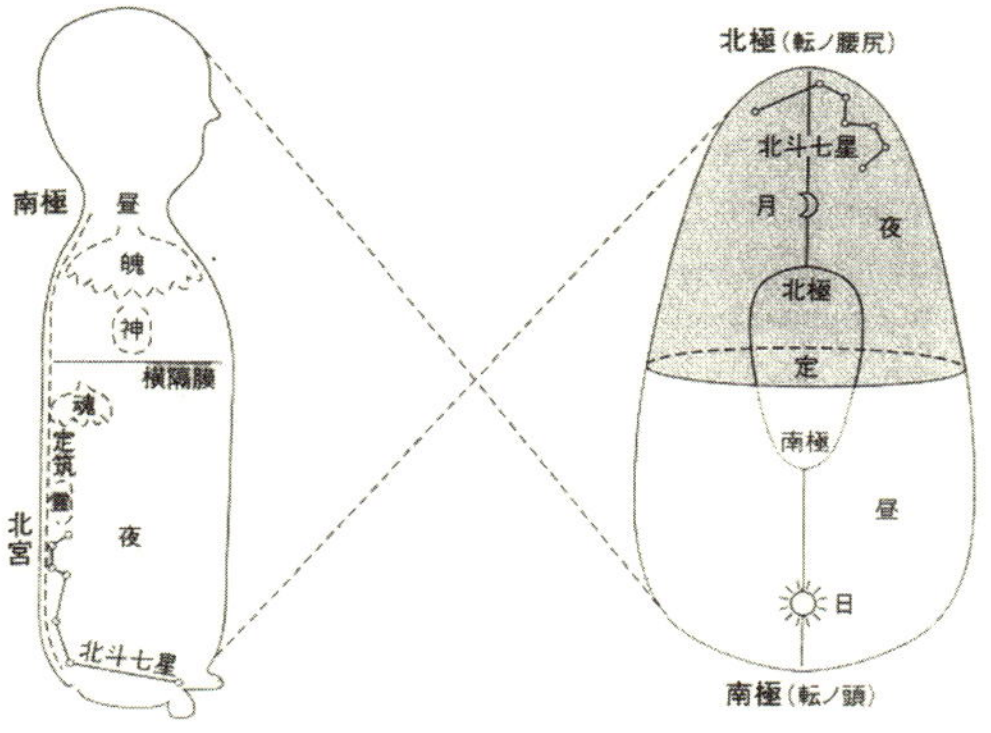

転定と人身の逆立・表裏対称図

「自分以外に人間がいるといっても、人間である以上、自分と同じものである。仮に自分以外に人間がいないとしても、人間存在としての自分は残る。自分以外の人間も人間であり、自分も人間である（人間存在そのものは否定できない）。

いっぽう、人間は小宇宙であり、（人間の場合にたとえたように）この宇宙の外に宇宙があるとしても、その宇宙はこの宇宙と同じような宇宙である。この宇宙以外に宇宙がないとしても、この宇宙という存在は残る。したがって、この宇宙以外の宇宙があったとしても、その有り様（組成）はこの宇宙と同じ（五行でできている）である」と。

何とも合理的、科学的な答えではありませんか。オカルトの入る余地などまったくありません。これが江戸時代中期になされた宇宙論とはなんとも驚きです。

自然哲学の真髄「互性活真」

医学論支える互性論

昌益の自然哲学の基本概念、基本範疇については、先に「昌益の思想的格闘」の項で、「自然」と「直耕」について検討してきましたので、以下、狩野亨吉も昌益思想の真髄として取り上げていた「互性活真」について見てみましょう。

五行論段階の刊本『自然真営道』で昌益は、「自然とは自《ひと》り然《す》るを謂《い》うなり」と言い、師の発言を注解して神山仙確は「自り然るとは何ぞ…毎人知る所の五行なり…自然とは五行の尊号なり」と言っていました。

また、最晩期の四行論段階の稿本『自然真営道』「大序」巻冒頭には、「自然とは互性妙道《ごせいみょうどう》の号なり。互性とは何ぞ。曰く、無始無終なる土活真の自行、小大に進退するなり。小進・木、大進・火、小退・金、大退・水の四行なり…転定《てんち》・人・物、所有《あらゆる》事・理、微塵に至るまで、語・黙・動・止、只此の自然・活真の営道に尽極す」とあります。

五行論段階では五行（木・火・土・金・水）、四行論段階で四行（土を除いた木・火・金・水）と、説明原理は違っていますが、本質は少しも変わっていません。

誰も（毎人）が知っている「五行」（晩期は「四行」）が、この世界（自然）を構成し、この世界はいつ始まるともなく、いつ終るともなく（無始無終）、自らの力で、生き生きと万物を生成し続けている（自り然る）というのです。

この世界は、空とか無とかいった観念的な世界ではなく、日々、皆が実感しているように、具体的、実在的な物質で構成されており、物質存在である万物は、たとえ一見固定しているように見えても、内部は常に運動状態にあり、新陳代謝─物質代謝、エネルギー代謝をしていて、永遠の生命の流れの一過程にあるというのです。

そして、思索を深め四行論に移行すると、自然界の自己運動の内部構造が明らかになります。木・火・金・水の「四」行は「土＝活真」という根源的存在（活《い》きて真《まこと》と訓《よ》まれ、活が運動性を、真が物質性を表わす）の進退・退進という「互性」運動、「性を互いにする」運動によって発現するというのです。

「性」を「互いにする」というのは、先にも引用したように、根源的実在である「土活真の自行」つまり「小大の進退」運動によって発現した木・火の「進気」、金・水の「退気」が、それぞれ自己の内なる本性を、相互に規定（対立・依存・補完）し合い、相互に転化し合うもので、両者は有機的に関連し合い、有機的な統一体であるというものです。

木・火の進気とは、四季で言えば春・夏、一日で言えば朝・昼、一生で言えば生、人間で言えば男…に相当し、金・水の退気とは、四季で言えば秋・冬、一日で言えば夕・夜、一生で言えば死、人間で言えば女…に相当します。

春・夏という暖かく暑い季節の内にも秋・冬の涼しく寒い要素（性）が内在し、春から夏への季節の移ろいの内には、すでに秋から冬への季節の移ろいが孕《はら》まれ兆《きざ》し、両者で一年を構成しているというものです。

それと同じように、朝・昼という一見、明るい時間の内には夕・夜という暗い時間の要素が内在し、時々刻々と明るくなるにつれてその内側には暗さも増してくるというものです。生死も同様で、日々、成長するということは、日々、死に近づいているという訳です。

つまり一見、対立しているように見える対の存在・対の概念は、常に相互に依存し合い補い合い、時に転化し合っているのであり、その一方だけを捉えて固定的・対立的に見るのは、自然界の法則を捉まえそこなっている、間違っているというのが昌益の立場です。

昌益は、こうした自然界の存在法則を「二別一真」「互性活真」と呼んでいます。狩野亨吉が、昌益の基本用語中の基本用語といったのもこのためです。

男女も同様で、男性の内には女性の要素（女性性）が内在し、女性の内には男性の要素（男性性）が内在し、男女は別個の存在として対の関係にありますが、相互に依存し合い相互に助け合って（互性）生きて行くのが人（活真男女）としての道であり、男尊女卑などもってのほか、という訳です。

昌益の二別批判、差別批判は、このように単に社会的・社会科学的な概念ではなく、自然界の存在法則に裏打ちされた、より根源的なものだったのです。

しかも昌益の互性論は、今述べたような進退・火水・明暗・日月・転定《てんち》・生死・男女・雌雄…といった自然界の基本的な存在法則を表象するだけではなく、実は、人体各部や内臓諸器官、顔面の諸器官、さらには人間の感情や精神活動、薬剤の効能・毒性といったものにもことごとく適用され、四行八気の互性論として、医師・昌益の医学論、真営道医学の基礎理論を支えるものともなっています。

安藤昌益の人間論

労働する姿に人の人たるを見る

「男女《だんじょ》を以て人と為す。一人を以て人と為る則《とき》は失《あやま》りなり。男女《ヒト》を以て人と為る則は可なり」とは、稿本『自然真営道』第三五「人相視表知裏」巻の冒頭に示された文言で、「男女」に「ヒト」とルビを振り、昌益晩期の人間観―男女観を表わすものとして有名です。

もっとも、中期の思想を綴ったとされる稿本『自然真営道』第一「私制字書」巻や、『統道真伝』「人倫」巻では、「転定《てんち》に人《またが》る」「転定に人《またが》り」と「人」の字に「マタガル」とルビをふっていて、腕組みをして両脚を広げ、大地に踏ん張っている、不遜不羈《ふき》（へつらい束縛されることもなく、尊大になることもない）の農民の力強い姿を彷彿とさせます。

ちなみに、昌益の自然論では、進退五行十気（進退四行八気）とともに、「通・横・逆」という重要な概念、考え方があります。宇宙規模での生成運動では「通回して転（天）、横回して定（海）、逆回して中央土（陸土）」というように、気体・液体・固体に対応します。

地球規模では「通気は人を生じ、横気は鳥獣虫魚（動物）を生じ、逆気は穀種・草木（植物）を生じ…人は転定に通じて直立なり」として、通気は上から下への気の運動、横気は左右（東西南北）の気の運動、逆気は下から上への運動を表わし、人・動物・植物という生物界の生成運動ないし分類を表象します。そして、人（人類）については、「直立」というその存在様式が注目され、強調されます。

なぜでしょうか、昌益は言います。「嘆《ああ》、忝《かたじけ》なきかな転定、貴《たっと》いかな自然の進退…人をして常に頭を上に見《あら》わし、自由を遂げさしむ」「人は仰《あお》ぎて転（天）を視、俯《ふ》して定（海・陸土）を視る自由を得、通ぜざること無」し、と。

人は直立し、直立した人体の上部に頭があることによって、何ものにも何事にも妨げられることなく、視界の自由を得、思考・認識の自由を得、天地宇宙の法則を認識し、体得し実感できるのだ、と。

そして、人間の最も人間らしい姿を「直耕（直耕直織）」―労働する点に求めます。「耕す」こととは言うまでもなく、人間の生存条件の第一である食料の生産労働であり、「織る」こととは即ち、外気（主として寒気）から身を守る衣料の生産労働を指します。

ことに地球規模での温暖化が言われる現在と違って、隅田川が結氷するなど小氷期と言われる江戸時代中期、冷害による凶作―飢饉がたびたび襲った東北の農民とともにあった昌益にしてみれば、たとえ粗末なものであったにせよ、寒気から身を守るための衣服の存在、衣服の価値は、暖衣飽食の今、私たちが考える以上のものであったことが想像されます。

世界の成り立ちは、存在の多様性から

昌益は医者として、生命を維持するため、内なるエネルギーを補給するものとして「食」を、外邪から身体を保護するものとして「衣」を位置づけ、「食衣」という言葉で一括し、そのための生産労働に最大限の敬意を払っています。「食衣は人間の太本なり」「道とは直耕・食衣なり」と。そればかりではありません。「転定・人・物は、食衣の一道に尽極す」と、宇宙の存

在法則そのものとする表現さえ見られます。

ちなみに、現代的な視点から「男は耕し、女は織る」という昌益の言い方を、男女の分業（さらには男女差別）を認めたものとして、したり顔で批判する向きが一部にあるようですが、とんでもありません。昌益にとっては「男女にして一人、上無く下無く、統《す》べて互性にして二別（差別）無し」「男を去りて女無く、女を去りて男無し」というのが、基本的な立場だったからです。

さて、すでに述べてきたことでもお分かりのように、昌益にとって最も人間らしい人間、人間らしい姿とは、自然界の万物生成活動と軌《き》を一《いつ》にした、働く農民の姿です。それは、人間存在の基礎である食料を生産し社会を支えていると同時に、食料生産を誰に教わったわけでもなく、誰に頼るわけでもなく、自らの力で自立し自律して行っているからです。

昌益は言っています。

「人の自り進み自り退き、是れ人に具わる耕農なり…自り耕して食い、自り織りて着ることは、他の教えを待つところに非ず」と。そして、農民こそが社会を支え養っている天子だとして讃えられます。「直耕の者は…貪食する者（搾取者・寄生生活者）の養父母なり、是れ、転子なり」と。

江戸時代が朱子学によって裏づけられた士農工商に代表される身分制社会であることは、すでにご存じのとおりです。林羅山や中江藤樹といった多くの儒者が説いたように、「上下」の身分差別、四民の差別はあってあたりまえ、なくては社会が成り立たないという、社会の根幹でした。

とはいえ、四民平等、人間平等の声がまったくなかったわけではありません。たとえば長崎の町人学者・西川如見《じょけん》（一六四八〜一七二四）や、江戸中期の儒者・室鳩巣《むろきゅうそう》（一六六二〜一七二九）といった開明的な人々の著作の一部には、「畢竟《ひっきょう》、人間は根本の所に尊卑あるべき理《ことわり》なし」とか、「もと、人に貴賤なし」といった発言が見られます。

また、江戸時代も後期になると、杉田玄白（一七三三〜一八一七）や司馬江漢《しばこうかん》（一七四七〜一八一八）のように、阿蘭陀医学や蘭学を通して西洋の思想に触れた人々の中から、人間平等論を唱える人々が出てきます。しかしながら、こうした例はまだまだ数少なく、また発言も著作の中で限られた部分に見出されるといったものでした。

それに対して、「天下に人は只一人なり。唯一人の人たるに、誰を以て上君となし、下臣となさんや」「人は万々人なれども一人なり」といった人間平等論についての発言は、昌益の著作の随所にくり返し出てきます。いわば昌益思想の基本的モチーフの一つなのです。

しかも、江戸期の平等論の多くが、百姓・町人も武士と同じ人間だと、百姓・町人を武士並みに引き上げようというのに対して、昌益の場合は、百姓・農民こそが真人間だ、という価値の転倒をともなった、より積極的な主張になっていることが特徴的です。

それればかりではありません。昌益の平等論は画一論とは無縁で、個性・多様性の尊重と一体のものです。『統道真伝』「禽獣」巻の第二章「人面全く同じからず、心術同じからざるの論」には、こうあります。

「万々人が一人にして全く同じき則《とき》は、一人が万々人となり通用すること能《あた》わず。故に、一人が万々人・万々面・万々形・万々心となるは、是れ妙用を尽さんが為…同じからざるが故に、能《よ》く万国通用して常なり…故に、人の面・人の心の我が面・我が心に同じからざるを醜《みにく》しとして悪《にく》むべからず、（同じきを）美なりとして泥《なず》むべからず、同じからざるが故に吾れ有り…若《も》し不同を嫌ひ全同を好み、全同を知らず不同を好む則は、真に非ず。皆、失《あやま》りなり」と。

つまり、人は人類として生物存在としては共通・平等でも、一人一人は違いがあり、多様だからこそ世界は成り立っている、一人一人違わなければ区別がつかず、自分という存在もありえない、というわけです。大正期の童謡詩人・金子みすずが「みんなちがってみんないい」と謳った心と響き合っているかのようです。

安藤昌益の地理観、歴史観

鎖国下に旺盛な好奇心で海外情報を収集

昌益の自然観、人間観を見てきたところで、次に昌益の社会観の始めに、地理観、歴史観についいて見てみましょう。

昌益が生きた江戸時代中期は、鎖国体制が完成し、海外との接触の窓口は長崎の出島に限られていました。こうした鎖国体制―世界情勢への関心の薄さ、知的閉鎖性を昌益は「日本の知分薄き故」と、強く批判していました。

ちなみに今では、日本と言えば「北は北海道から南は沖縄まで」ということが、地図の上でも、人々の意識の上でも、ほぼ共通認識になっていますが、江戸時代の人々にとっては、日本とは「北は津軽から南は薩摩まで」で、北海道とはアイヌの人々の住むエゾ地であり、沖縄は琉球王朝の支配する琉球王国、いずれも異国であり、外国でした。

では、鎖国下の人々は頭の中にどのような世界地図を描いていたのでしょうか。阿蘭陀商館長から毎年、最新の海外情報を『阿蘭陀風説書《ふうせつがき》』として提出させ、世界情勢を把握していた幕府中枢および側近にいた役人や、出島を通して日常的に異国と接触していた長崎の人々を除いては、基本的に「唐《から》・天竺《てんじく》・日本」の三国がほぼ世界のすべてでした。「三国一の富士の山」とか「三国一の花嫁」といった言葉がそのことを表わしています。

そうした鎖国下、情報の閉鎖社会にあって昌益は、『和漢三才図会』といった当時の絵入り百科事典や、鎖国以前に東南アジアへ渡った貿易商の回顧談『天竺徳兵衛物語』といった書物から海外知識を得るとともに、「京人某《なにがし》、長崎商船奉行の下役」として紹介されている弟子、おそらくは税関吏（輸出入品吟味役）からの聞き取り情報をもとに、各国誌を綴り、各国史を考察していきます。

その成果が『統道真伝』「万国」巻の第九章「万国の産物・為人《ひとがら》・言語の論」にまとめられています。

取り上げられているのは、日本にはじまり、東夷《とうい》（エゾ地）・朝鮮・漢土（中国）・北狄《ほくてき》（韃《だっ》靼《たん》・ウイグル・満州族など、中国北方の諸民族）・天竺（インドおよびベトナム・タイなど、東南アジア諸国）・阿蘭陀・西戎《せいじゅう》（チベット・トルコなど、西アジアの諸民族）・南蛮《なんばん》（スペイン・ポルトガルおよび中継地としてのインドネシアなど）・烏《う》嗎《ば》（ノーバ《うば》オランダと呼ばれたオーストラリア）・琉球嶋といった「国々」です。

なお、中国古代の地理・物産書『山海経《せんがいきょう》』にある小人嶋《こびと》や尺高嶋《せいたか》・女人嶋《にょにん》などは「小児誑《こどもだま》しにして跡象《あとかた》も無き偽失」、空想の産物であると批判しています。

もちろん、昌益の海外知識は、現代の私たちが持っている豊富なそれに比べれば、内容的な貧弱さは言うまでもありません。また、国によって情報量（記述量）が極端に違っていたり、運気論に基づく国々の分類解釈や、地理的決定論とも言える民族ごとの身体的特徴や風俗の解釈の一部には、現在から見れば差別的な表現やまなざしが気になるところも少なくありません。ただ、そうした欠点は、二五〇年も前の文献である以上、当然のことであって、そのことをあれこれとあげつらっても、あまり意味のあることにはならないでしょう。

それよりも、「厳しく」「入唐《にっとう》を停止《ちょうじ》」する鎖国時代、「知らしむべからず、依らしむべし」という愚民政策、情報統制の下にありながらも、自力で海外情報の入手に努めた昌益の知的探究心と、そうして知り得た海外情報をもとに自力で各国史を綴り、各国史の考察をもとに世界史を通貫する法則を探究した、昌益の合理的精神にこそ学ぶべきでしょう。

人類発展史にも到達

昌益の考察によれば、日本に限らず中国でもインドでも、世界中のどこでも、古代には自然と共生した平和で平等な「自然の世」があったとされます。にもかかわらず、その後、聖人（権力者）の出現によって、社会は「欲々盗々乱々」とした欲望と搾取、支配が止むことのない「法の世」に変貌し、今日に至ってしまっているというのです。

だからこそ昌益は、「吾《われ》、転に帰し穀に休し人に来る。幾幾《いくいく》として経歳《けいさい》すと雖《いえど》も、誓って自然活真の世と為さん」と、自然界の生命循環―生態循環を通じて、どれほどの歳月を経ようとも、必ずや日本のみならず地球上のすべてに、平和で平等な「自然の世」をもたらしてみせようと心に期して、天に帰っていったのです。

つまり昌益は、世界史は「自然世―法世―自然世」という歴史法則に貫かれていると見ていたのです。それればかりではなく、世界史以前の人類史―人類の知的発展史、つまり社会形成史、社会発展史といったものにも、それこそ徒手空拳で到達しえていたのです。

「人初めて見《あら》わるるに、裸にして養《やしな》いを為す者無し…五穀・衆穀、木・火・金・水・土、人の異前《いぜん》に具《そな》わり…目前に満つる故に、穀を食らい水を飲み五体壮堅と為り、事業を知ること自《ひと》り具《そな》わる…木を取りて家を作り、麻皮の類を以て衣と為して風雨・寒暑を凌ぎ…終《つい》に木を磨《す》って火を得、木を燔《も》やして寒に煖まり、夜を照らし、身用を弁《わきま》う。…田畑を為《つく》り…耕農・織衣・作家の道の自ずから成ること、土を焼きて堅器を以て煮熟して安食・安衣の用足ること、人の日用に於《おい》て不自由すること無し」と。

人類が初めてこの地上に姿を現わした時は裸身で、養育をしてくれる者とて無かったが、人の内なる生命力に促され、誰に教わるともなく飲食をして身体を壮健にし、衣服を調《ととの》え、家屋を作り、土器を製作して調理に用い…日々の生活を賄《まかな》っていったというのです。

そして、「男女、夫婦と為《な》りて以来《このかた》、五倫（夫婦・親子・兄弟姉妹・孫・従弟《いとこ》）と成る。五倫、各々夫婦と成り、歳月を暦《ふ》るに随いて…多倫に成りて、人里・邑村《ゆうそん》・多郷と成り…」と、村落共同体の形成史・建設史が説かれます。

「相互扶助」と「絆」が支えた共同体

そして、こうした村落共同体を形成するにあたっては、「互いに親睦し、善きことは互いに譲り、難事は互いに救い」という相互扶助の精神、人々の「絆」が基礎にあったことは言うまでもないでしょう。

であればこそ昌益は、『古事記』や『日本書紀』に綴られた国生み神話を、神道家・国学者のように神々の物語として神秘化するのではなく、新井白石のように「神代《かみよ》は人の世」と喝破、人々の村落形成史、建設史として合理的に解読できたのです。

国常立尊《くにのとこたちのみこと》とは郷村《くに》を建設すること、国狭槌尊《くにのさつちのみこと》とは村境《くにざかい》を取りきめること、豊湛渟尊《とよくむぬのみこと》とは河川の堤を高々と築くこと、泥土煑尊《ういぢにのみこと》・沙土煑尊《すいぢにのみこと》とは壁土を盛って屋敷地を堅めること…こうしてどこの村落でも、どこの家でも、誰もが夫婦として睦み合い…農耕に励み…心穏やかに生活していたのだ、と。これが日本の古代の姿であり、「天神七代」と言われる社会であった、と。

そして、日本の歴史を各国史の中に置いて相対化することで、中期にあった神道家・国学者ばりの強烈な民族意識を克服できたのです。そればかりではありません。神功《じんぐう》皇后の三韓征伐の伝説も、モンゴル帝国による世界帝国の建設も、歴代中国王朝の版図拡大も、有史以来のあらゆる侵略行為が俎上《そじょう》に乗せられ、告発されたのです。

それと表裏一体のこととして、スペインからの独立を果たしたオランダ北部七州の共和主義的政体が「万国中に勝《すぐ》れし清国《せいこく》」として讃えられ、シャクシャインを中心としたアイヌ民族による反乱が「夷人、私の罪に非ず」として擁護されるのです。

安藤昌益の社会観

「法世物語」—動物譚で身分制社会を風刺

安藤昌益は、眼前の日本社会、徳川の「泰平の世」をどのように見、どのように考えていたのでしょうか。稿本『自然真営道』第二四「法世物語」巻には、動物（鳥獣虫魚）の口を借りて江戸期日本の身分制社会、階級社会の様子がリアルに描き出されています。

「法世物語」巻は、関東大震災でほとんどが燃えてしまった稿本『自然真営道』全一〇一巻の中でも特異な一巻で、焼失を免れた一二巻の中では、「大序」巻、「良演哲論」巻とともに、サイズも表紙の色も他の九巻とは違っています。また用語や概念のうえでも、晩期に属する昌益思想の到達点を示すものと見られています。

内容的には「諸鳥会合して法世を論ず」「諸獣会合して…」「諸虫…」「諸魚」の四部構成で、それぞれ鳥や獣、虫や魚が一堂に会して、「通気」に生まれ、自分たち動物よりも優れているとされる「万物の霊長」たる人間の世の中が、いかに動物以下の酷《ひど》い世の中かということを論じたものの記録、という体裁をとっています。

ちなみに、蘭学流入以前の江戸時代人の常として、また、中国本草学の伝統を受け継いでいた昌益にとって、「虫」とは現在でいう「昆虫」ばかりではなく、蛔虫《かいちゅう》・蟯虫《ぎょうちゅう》といった「腹の虫」―寄生虫に代表される線形動物や、タコ・イカ・貝といった軟体動物、カエルやイモリといった両生類、カメやヘビといった爬虫類、エビやカニといった節足動物をも含む、極めて広い概念でした。

そうした動物の口を借りた社会批判は一般に動物譚と呼ばれ、諷刺文学という文学の一形式として世界中で広く親しまれてきました。子供にも広く知られている「イソップ物語」はその代表格の一つと言えましょう。

宮沢賢治とともに北の詩人・歌人として有名な石川啄木にも「林中《りんちゅう》の譚」と題する猿の口を借りた現代文明批判の小編があり、自然との共生という文脈で、最近とみに注目されてきています。

それればかりではなく「法世物語」は、謹厳実直居士《こじ》、石部金吉で知られる安藤昌益には珍しく、抱腹絶倒の滑稽譚として、発見者・狩野亨吉以来、昌益研究者の間では常に注目されてきました。亨吉は、昌益が狂人でないことの証拠に、「法世物語」を挙げているくらいです。

「諧謔《かいぎゃく》の余裕を持っていた証拠として、法世之巻全体を提挙する…急に始好《そうこう》をくづし忽《たちま》ちどっと吹き出したものである…其《その》着想の奇と其《その》用語の妙と相俟《あいま》って、読む者をして抱腹絶倒、快哉《かいさい》を叫ばしむるもの再三ならず」と。

この他にも、哲学者の三枝博音《さいぐさひろと》、昌益の名を広く知らしめたと言われるハーバート・ノーマン、作家の杉浦明平、評論家の加藤周一などなど、「法世物語」に関心を寄せた人々は数多くいます。ただ、昌益の著作中でもあまりに破格なため、その点に目を奪われてか、内容的にはあまり丁寧な分析が行なわれてきたとは言えません。やはり今のところ、寺尾五郎さんが執筆された農文協版『安藤昌益全集』第六巻の「解説」に止めを刺すでしょう。

とはいえ、その寺尾さんの解説にしても、中期の昌益に特徴的な民族主義的・愛国的な言説―尊王論者と見まがうばかりの言説と、「法世物語」での朝廷（天皇および公家）との整合性についてはあまり言及されていません。ということで、以下ではその点をも考慮しつつ、「法世物語」巻を見ていきましょう。

「抱腹絶倒」と評価される「法世物語」巻の構成上・文体上の面白さ、醍醐味は、『全集』の書き下し文ないし現代語訳に直接あたって楽しんでいただくとして、昌益が眼前の社会、江戸時代の現状をどのように見ていたのか、簡単に見てみましょう。

昌益は燕の口を借りて都市の最貧層について次のように言っています。「吾れ等《わら》、小鳥にして国（郷里）・家を持たず。諸国流牢《るろう》し、其《そこ》の縁先、此《ここ》の軒下に借家して、一生家持たず…貧窮に暮らす…下に極窮の人出て、橋の下に雨宿りし、此彼《ここかしこ》の裏屋《うらだな》・庇《ひさし》の下に借家し、疎食・疎衣して暮らす人多し。是れ…吾れ等が世に異なること無し」と。

また、牛の口を借りてこうも言います。「法世の人に、手間《てま》取《と》り・傭者《やといもの》は重荷を負い、膠《にかわ》・臘《ろう》の如くなる脂汗《あぶらあせ》を流し、革皮の如く辛苦して、一生安き事無く死する者有り。吾れと同業なり」と。

まるで、燕は現代のホームレス労働者、外国人出稼ぎ労働者、牛は三K労働に従事する非正規労働者、さらには原発労働者のようです。都市細民に寄せる昌益の温かなまなざし、シンパシーが感じられます。

そして、下層のこうした極貧・極窮の人々の存在は、上に「栄耀《えいよう》・珍味・美服」する存在があるからだ、「不耕貪食」の者が「下下《しもじも》を掠《かす》め取」って贅沢三昧の暮らしをしているからだと批判し告発しています。

昌益は、鳥・獣・虫・魚と、変奏曲を奏《かな》でながら、一貫して「大が小を食う」「法世」のありようと、「法世」をもたらした聖人・儒者、「法世」の混乱に乗じて人々に迷いを説き続け、寄生生活を送っている仏教諸派、さらには道家・詩文学者・巫者《ふしゃ》（神道家）といった遊民《ゆうみん》、果ては同業者である医者をも槍玉に挙げていきます。

不条理にあえぐ人々への温かい眼差し

そして「大が小を食う」「獣世の序《ついで》」を「独《どく》は帝王なり、象は公卿なり、獅子は将軍なり、虎は諸侯なり、猿は家老・用人なり、熊は諸役人なり、狼は諸士なり、馬は足軽なり、鹿・兎・牛・狗《いぬ》・猫・鼠・鼬《いたち》等、諸《もろもろ》の小獣は工・商・僧・巫・山伏・医者・乞食等なり」と、上下の序列を徳川期の身分制社会にあてて概括しています。ちなみに、「独」とは想像上の動物ですが、中国では猿の一種にあてているもののようです。

なお、鳥・獣・虫・魚のそれぞれの章で、多少の異同はありますが、帝王―公卿・大夫―将軍―諸侯―家老・用人―諸役人―諸士・目附―足軽という支配階級、その下に（農）・工・商の三民と遊民という、上下の序列の基本構造は変わっていません。

ここで注意しなければならないのは、「法世物語」には農民が登場しないということです（もちろん、論理の展開上、文章上、まったく登場しないというわけではありませんが）。いわば、直耕を実践している農民は、昌益にとって鳥獣虫魚にたとえて諷刺する対象、揶揄する対象、批判の対象ではないということなのです。つまり、「法世」とは、村落共同体から遊離した都市住民に固有の問題、都市における社会現象だということです。

そしてもう一つ、注目すべきなのは「将軍—諸侯（藩主）」という幕藩体制の上に、「帝王—公卿・大夫（公家）」すなわち「朝廷」が置かれているということです。江戸幕府にとって朝廷の存在は、その出発点からの難問でした。なぜならば武力で天下を統一し、絶大な権力を誇った徳川家康は、にもかかわらず「征夷大将軍淳和奨学別当従一位右大臣」という権威・肩書きを朝廷から与えられ、形の上では朝廷の下臣として自らを位置づけるしかなかったからです。

そうした複雑な関係にあった朝廷と幕府（朝幕関係）ですが、昌益はここではっきりと「大が小を食らう」獣の世の中の頂点に立つ者として、「不耕貪食」の最たる者として、「朝廷」を位置づけています。一部昌益研究者がいうような尊王論者・安藤昌益とは無縁の透徹した社会の見方、階級分析だということがお分かりでしょう。

安藤昌益の「理想社会」と世直し論

農民が求めた「理想社会」と響きあう

では、眼前の日本社会を「大が小を食らう」階級社会＝「法世」と見た昌益は、自らの理想とする「自然世」を、どのようなものとして考えていたのでしょうか。

昌益は、「自然の世」の具体的な姿を著作の中で何ヵ所にもわたって描いています。最も長く詳細なものとしては、稿本『自然真営道』第一「私制字書」巻に収録された「自然の世の論」が有名ですが、その他にも『統道真伝』「糺聖失」巻の「四民」の項や「万国」巻の末尾でも触れられています。

「自然の世」とは、支配者・搾取者がおらず、人々が自然と一体となって農耕を軸に、皆一様にその土地土地に適した生産労働（農業・林業や水産業）にたずさわり、貧富の差がない、平和で平等な社会ということです。自給自足・地産地消をベースにしながらも、「此《ここ》に有る物を彼《かしこ》の無き所に遣《や》り、彼《かしこ》に有る物を此《ここ》の無き所に来《きた》らしめ」と、相互に「替え替えして」融通し合い助け合えば、贅沢はせずとも「過不足無」く心穏やかに、日々「安食安衣」できるというのです。

こうした理想社会は、その共和主義的なあり方や、自然との共生といったことから、オランダやアイヌ社会をモデルにしたものと言われてきましたが、果たしてそうでしょうか。

昌益の理想社会論は、もっと身近な伝統的農村社会にあるとする研究が、秋田市出身の在野の昌益研究者・幸野真さんの「近世日本における〝自由〟思想の二つの流れ」という論文にあります。幸野さんは、幕末になって世直しの機運が高まってくると、理想社会を描く「自由自在国」物語がいくつも現われたとして、その比較研究を行ない、まことに興味のある結論を引き出しています。

幸野さんによれば、遊谷子《ゆうこくし》の『和荘兵衛《わそうべえ》』や『笑註烈子《しょうちゅうれっし》』といった戯作文学者の描く「自由自在国」とは、働くことなく好き勝手に飲み食いができ、時には美女も含めて何でも「自由自在」に手に入れることができ、遊んで暮らせる夢物語の世界だということです。

ところが、羽後国新関村（現・秋田県潟上市）の肝煎《きもいり》・菅原源八（一七九四〜一八七九）が残した随想集の一つ、『木魂集《こだま》』に描かれた「自由自在国」は、それとはまったく違った「世界に類《たぐい》なき上々国」だというのです。そこには「王もなく国主もなく、長者もなく困窮人もな

菅原源八著『木魂集』の表紙
(昭和町湖南交流センター)

く、一国平等、親子兄弟・家内の取り調《ととの》えの国」であり、「百姓は百姓家業いたし、大工は家蔵を建」てるというように、人々はすべて労働にいそしみ、「惣《すべ》ての入用物《いりよう》は其の有る家より持来《もち》たり弁用する」ので、「何《なに》不足、何《なに》不自由という事なく、相互に融通するから自由自在と申」すのだそうです。

何と、昌益の「自然世」と瓜二つではありませんか。そう、農民に寄り添い、農民とともにあった昌益の理想社会とは、農民の思い、農民の描く理想社会そのままだったのです。

実践論に踏み込んだ「契《かな》う論」

では次に、理想社会に至る過渡期としての「契《かな》う論」について見てみましょう。

「契う論」とは、稿本『自然真営道』第二五「良演哲論」巻に収録された「私法盗乱の世に在りながら自然活真の世に契《かな》う論」の略称で、実は単独の著作ではなく、昌益一門の全国集会と密接に結びついたものなのです。

全国集会の記録は、第二五巻全体の巻名ともなった「良演哲論」に詳しいので、まず「良演哲論」について見てみましょう。

「良演哲論」とは、「良は乃《いまし》い（すなわち）確龍堂良中の名なり。演は先生自ら演《の》ぶるなり。哲は群門人、先生の意を知るの言いなり。論は乃《いまし》い門人、師意を弁論す」とあるように、一堂に会した昌益一門の門人たち（群門人）一三人が、良中先生（安藤昌益）の説くところを基に討論（問答）をした記録で、「良子門人問答語論」とも呼ばれています。

出席者は八戸および奥南部から六名、京都と大阪から各二名、松前（北海道）および須賀川、江戸から各一名、それと昌益で、都合一四名による昌益一門の学術討論会です。場所は八戸および近郊の出席者が半数近くと多いことから、おそらくは八戸のどこか、時期は、昌益の出席が八戸ではなく秋田からとなっているので、昌益が二井田に帰省した宝暦八（一七五八）年以後の間もない頃だと推定されます。

集会では神山仙確の司会のもと、昌益が伝統思想を時代順に総批判する基調報告（一一〇項）に始まり、人はいかに生きるべきか、どのように考えるべきかといった問題について問答を深め、結論となる最後の第七六項・七七項では、私たちは何をなすべきか、といった喫緊《きっきん》の実践

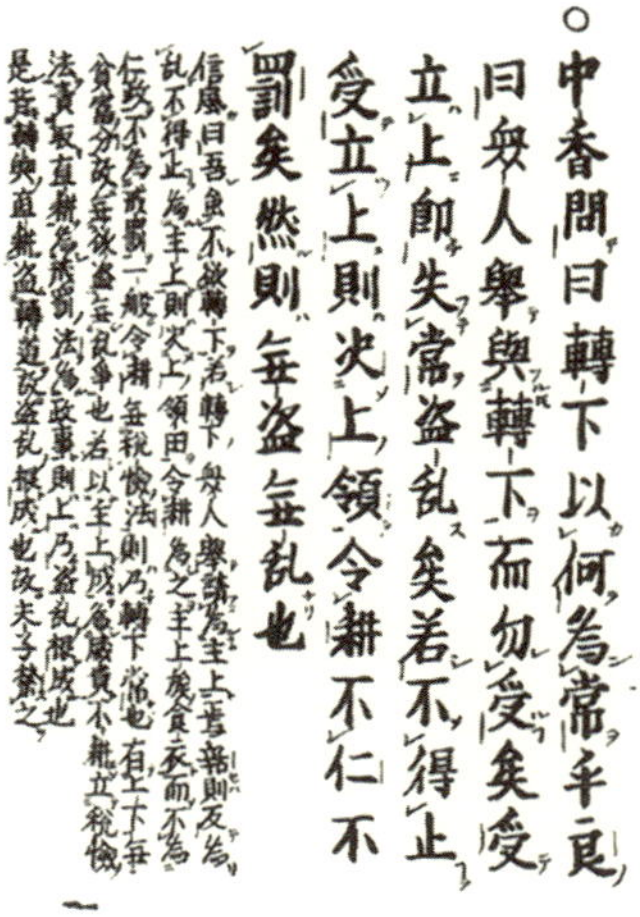

○中香問曰轉下以何為常乎良
曰衆人擧與轉下而勿受矣受
立上而失常盗乱矣若不得止
受立上則次上領令耕不仁不
罰矣然則無盗無乱也

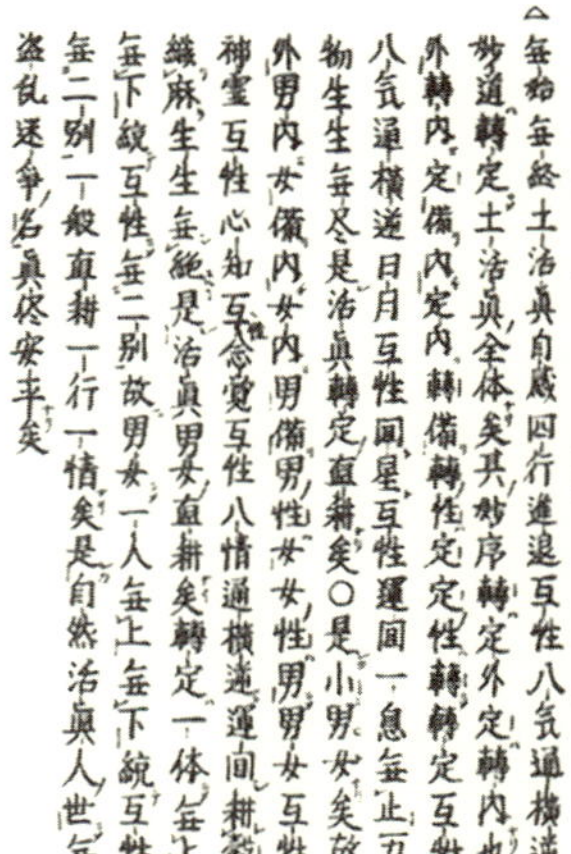

○在於私法盗乱世契自然活眞世論
△無始無終土活眞自感四行進退互性八気通横逆
妙道轉定土活眞全体矣其妙序轉定外定轉内也
外轉内定備内定内轉備轉性定定性轉轉定互性
八気通横逆日月互性圓星互性運間一息無止乃
物生生無尽是活眞轉定直耕矣○是小男女矣故
外男内女備内女内男備男性女女性男男女互性
神霊互性心知互念覚互性八情通横逆通間耕穀
織麻生生無絶是活眞男女直耕矣轉定一体無上
無下統互性無二別故男女一人無上無下統互性
無二別一般直耕一行一情矣是自然活眞人世無
盗乱迷争名眞慈安平矣

「良演哲論」最終丁（上）と
「契う論」冒頭（下）

課題にまで踏み込みます。そこで編み出されたのが「契う論」です。

「契う論」では、まず自分たちが今住んでいるこの社会が、聖人と釈迦によって狂わされた「私法・盗乱の世」であることが再確認され、にもかかわらず、理想社会の実現を望むのであればとして、次善の策―改良策である「契う論」が具体的に示されます。

そこでは上に立つ者（上《かみ》）は、城や豪邸を止めて民衆同様の平屋に住み、家来を抱えることや贅沢をせず、家族を養うに足りるだけの田畑を領有して自ら農耕にたずさわることとされます。また、年貢の徴収を止め、法度《はっと》で人々を縛ってはならないとされています。

「上」に課せられた唯一の仕事は、人々がきちんと農耕にたずさわっているかどうかを見守ることだけです。それ以外に権力をふるってはならないのです。

家来であることを解かれた、家老をはじめとした武士たちは、足軽に至るまですべて農耕に携わることになります。学者や僧侶・神主をはじめとして、口説や遊芸で身を立ててきた者には土地を与えて農耕にたずさわらせます。土地の私有は禁止され、すべて共有地とします。

そのため、新田を開拓し新しく村作りをしますが、水利が肝要です。平地と山間部、海浜地帯では自然環境が違うので、それぞれの土地に適った物を生産し収穫し、不足の物は相互に融通し合って補い合うのです。流通・交易は奨励されても、そこに金銭がからむことは認められません。金銭は人々を狂わせるからです。「替え替え」すればいいのです。

これまで都市で農耕に携わったことのない人々を直耕に向かわせるには、「人は食せざる則《とき》は乃《すなわ》ち死す。耕して安食するの外、道無し」と真理を「暁《あか》し」、真理を「暁《さと》し」て、納得させる、自然界の存在法則への気づきを促すのです。

それでも万一、直耕を厭《いと》う「悪徒者」が出たならば、家族が本人に食事を与えず、食べられないことの苦しみを実感させ、真理を体得させて放免する。それでも聞かない場合は、食事を絶たれて死ぬことになってしまいますが、それは自然界の摂理と同じで受け入れるしかありません。不順な天候で草木が枯れてしまうのと同じです。

では、こうした「契う論」で、「上」に立つ者が誰かと言えば、一部研究者が言うような絶対君主、天皇ではなく、人々の推挙を得た者、民衆の代表者だけです。「良子門人問答語論」の最後、第七七項にはこうあります。「若《も》し、転下《てんか》（天下）の衆人、挙《あ》げて主上と為《な》らんことを請《こ》うに、辞せば反《かえ》って乱と為り、止むことを得ず、主上と為《な》る則《とき》は」と。

「契う論」とは、こうした昌益一門の「問答」の成果を受けて、未来の世代である私たちに向けて、実現を託され、書き残されたものなのです。

安藤昌益と秋田の風土

根っこは伝統農民の世界に

昌益が壮年期、町医者として活躍した八戸の旧宅から歩いて一分もかからない天聖寺には、「安藤昌益思想発祥の地」の石碑があり、昌益ゆかりの史跡を訪ねて歩く人々を歓迎してくれています。確かに延享年間（一七四四～四七）、昌益が八戸に実在していたことが確認され、刊本『自然真営道』の序文を八戸藩のお側医・神山仙確が執筆し、おそらくは昌益一門の全国集会が開催された地も八戸ということであれば、八戸の人たちが、八戸こそ昌益思想発祥の地と誇らしげに胸を張るのも、もっともと言えるでしょう。

では、昌益の生没地であった大館、ひいては秋田の風土は昌益の思想とどのようなかかわりを持ち、昌益の思想をどのように育んだというのでしょうか。正直なところ、昌益の思想に秋田の風土性を探るのは難しいと言わざるを得ません。

なぜならば昌益は、二井田の農民の子として生まれ、若き日に京都という大都会で医学の修業をし、壮年期には八戸という地方都市で庶民として暮らし、いわば都市と農村における生活のすべてが昌益の思想を育くんだと言えるからです。

それればかりではありません。昌益は鎖国下にありながら、当時知りうる限りの海外情報を手にして、いわば世界大の視野でものを見ていたからです。昌益の思想の特色は、風土を、地域を、さらには時代を超えた、普遍性にこそあるからです。

いっぽう昌益が、米作りの国として江戸期においてもすでに全国に知られた秋田の出身でなければ、大館の草分け百姓の息子でなければ、米にこそ宇宙の精神が宿っている、というような発想は出なかったかもしれません。また、昌益一門の描いた理想社会が、幕末秋田の肝煎の一人、菅原源八の描いた「自由自在国」とそのまま重なり合っていたというのも、昌益思想の根っこが伝統農民の世界、伝統的な農村共同体にあったことを窺わせるのに充分で、これまた、秋田の風土の反映と言うことができそうです。

さて、米とともに秋田の風土と言えば一般に、秋田美人、秋田の名酒を育んだ水の良さが言われますが、その水の多くは豪雪地帯・秋田の冬がもたらしたものです。それとともに、山林の豊かさ、水産資源、鉱物資源の豊富さも、よく言われるところです。

いっぽう、秋田市の高清水公園にある農民作家・伊藤永之介の文学碑には「山美しく人貧し」とあるように、本州の最北端とも言える地に位置する秋田は、厳しい気候条件に制約されて経済的には決して豊かとは言えず、江戸期を通じて四年に一回は凶作に見舞われ、飢饉—餓死者があとを絶ちませんでした。

昌益思想における風土の刻印と言えば、むしろこの点が指摘されなければならないかもしれません。ただ、凶作—飢饉は秋田に限らず、八戸のほうが厳しかったとも言えますし、とりわけ地球規模の小氷期と言われ、くり返し冷害が襲った江戸時代中期から後期にかけては、東北地方共通の困難であったと言えるでしょう。昌益の著作の随所に見られる東北弁も含めて、そうした東北性こそが風土性と言えるのかもしれません。

農民、労働者とともに生きた人々の豊かな水脈

それよりも私が秋田の風土として感じるのは、自然条件が厳しいにもかかわらず、あるいは厳しいからこそ、いわば貧しいからこそ、そうした貧しい農民や労働者とともに生きた人々、貧しい者、社会的に弱い立場にある者とともに生きようとした温かな心の持ち主、心ある人々の滔々たる流れ、豊かな水脈の存在です。

たとえば、昌益とほぼ同時代に生き、近年、再評価が進んできている釈《しゃく》・浄因《じょういん》（一七三〇〜一八〇四）がいます。浄因は平鹿《ひらが》町（現、横手市）玄福寺の僧侶でありながら、新田を開拓し、「玄福寺開き」として藩から表彰されたり、自ら農業にたずさわって農業技術の改良を進めるとともに、『羽陽秋北水土録』を著わして、自然との共生を訴えたりしていました。

また、先に見た菅原源八も、天保の飢饉の際には私財を投げ打って難民の救済に奔走したり、『木魂集』をはじめとした随筆集で、農民の立場からご政道を批判したりと、農村の指導者として生涯、農民とともにありました。

源八とほぼ同じころ、男鹿に生まれた渡部斧松《わたなべおのまつ》（一七九三〜一八五六）もまた農民とともにありました。農民の困窮を救おうと、私財を投じて寒風山の麓《ふもと》から水を引き、先人が何人も挑

んでは失敗し不可能と言われていた八郎潟の脇の広大な原野を開墾し、新村を建設したのです。村には三〇余戸、一五〇人ほどが新たに移り住み、斧松にちなんで渡部村と名づけられました。晩年、藩の取り立てを断って、生涯、農民とともにあった斧松は、死後は村人によって渡部神社に祀られたのです。

また、源八の故郷、昭和町には老農の代名詞とも言える石川理紀之助《りきのすけ》（一八四五〜一九一五）がいます。明治維新によって徳川幕藩体制を打倒し、すべて西洋近代をモデルとした国づくりを目指した明治政府のとった農政とは独立して、理紀之助は伝統農業に根差した農業技術の改良を目指したもので、貧農の救済のため村を挙げてとり組んだ農業指導は、江戸期の農村指導者、二宮尊徳や大原幽学を彷彿とさせるものです。

また、後継者養成を兼ねて県内外を巡回した適産調べなど、農業技術の改良と、農民の地位向上に捧げられた理紀之助の生涯は、潟上市に残る記念館に陳列された遺品の数々に明らかです。また、県内各地を巡回し現在まで続く種苗交換会を始めたのも理紀之助でした。

こうした農の先達ばかりではなく、近代産業社会―資本主義社会の発達とともに大量に生み出された労働者とともに生きた人々も忘れてはならないでしょう。昌益以上に国際的に有名な大館生まれのプロレタリア作家・小林多喜二がそうですし、秋田市土崎で、日本ではじめてのプロレタリア文芸雑誌『種蒔《たねま》く人』を創刊した小牧近江《おうみ》・金子洋文《ようぶん》・今野《いまの》賢三も、そうした先達の一人と言えるでしょう。

同じように、若き日に綴り方教育にたずさわった硬骨漢として、岩波文庫の『統道真伝』を読んでいた石垣忠吉さんだったからこそ、一関文書の中の『石碑銘』にあった「確龍堂良中先生」が『掠職手記』にある「安藤昌益」であることに思い至り、温泉寺にお墓と戒名を発見し、生没地が二井田であったという世紀の大発見につながったのです。

大館にはまた、加害の歴史を語り継ぐ、日本には稀な花岡平和記念館があります。第二次大戦末期、強制連行で日本に連れて来られ、花岡鉱山で働かされていた中国人労働者が、あまりに非人道的な扱いに堪えかねて起《た》ち上がったものの弾圧され、多くの犠牲者を出した悲惨な事件で、花岡事件として知られています。花岡の地には今でも事件関係者もおられるところから、いまわしい事件として触れるのを避け、蓋をしてしまうのが日本社会の通例です。

ところが大館では、歴史の真実に目を塞いでしまっては再び過ちをくり返すことになってしまうとして、市を挙げて慰霊祭を行ない、歴史の継承に取り組んでいます。ここにもまた、昌益に繋がる歴史への厳しい目と、犠牲者への温かなまなざし、温かな心、世界の平和を願う強い意志が感じられます。

終章——昌益を今に、未来に

安藤昌益は、冒頭でも触れましたように、戦前は一部でその実在が疑われていたもののようです。なぜならば、『自然真営道』や『統道真伝』に綴られた思想内容は、とうてい江戸時代人の筆になるものとは思えない、発見者・狩野亨吉が江戸期の人物に仮託して時局を批判したものではないか、というのがその理由のようです。

いわば、同時代人の筆になるものと錯覚させるほどに、その思想が時代を超えた現代性を持ったものだったのです。前項で、私が「昌益の思想の特色は、風土を、地域を、さらには時代を超えた、普遍性にこそある」と書いたゆえんです。

しかし昌益は、言うまでもなく江戸時代中期を生きた実在の人物です。現代人のような西洋近代科学の概念も用語も知らず、最初から最後まで、運気論という東洋の伝統思想の枠組みの中でものを見、ものを考えていたのでした。

天体論・宇宙論で言えば、当時としては先進的な地球説（水球説）ではあっても、地動説ではありませんでした。鎖国下にあって懸命に海外情報を取り入れたといっても、現代の私たちが持っているような海外知識・国際知識に比べれば、貧弱なものでしかありませんでした。

また、昌益の息子・周伯が昌益没後に弟子入りした山脇東門の父親―山脇東洋が日本で初めて挑んだ人体解剖には接しておらず、現代人のような西洋医学的な人体の解剖知識を持ち合わせていなかっただけではなく、おそらくは人体解剖という発想もなかったものと思われます。

なぜならば、昌益も人の子、時代の子であって、知識・認識の時代的制約はあって当然であり、その点のあれやこれやをあげつらっても、あまり意味のあることとは思われません。それよりも、そうした時代的な制約に対して、昌益がどのようにして、またどれほど格闘し、乗り超えようとしたのか、また乗り超えられたのかを探究し確認することのほうが、意味のあることだと言えるでしょう。

たとえば、昌益の伝統的文明観への批判はとかく反文明の思想だと見られ、中には「安藤昌益の提案に従って、文字も学問もなく、鳥や動物を友とする完全に自然的な生活をするとしよう、そのイメージにいちばんぴったりなのはターザンの生活だろう」といった、信じられないようなバカげた主張、昌益批判が、一部の学者によって真顔でなされています。まるで『反原発』でサルになる」といった吉本隆明の迷言そっくりです。

昌益の伝統文明批判が、「人類の進歩と発展のため」「日本のエネルギー確保のため」といった、一見もっともらしい恩恵下賜的な文明観―その裏での「何とかムラ」の私欲の追求、権力者による私益の追求とそのことを隠すための美辞麗句への批判であることは、先に、「儒教と昌益」（本書一〇六ページ）で見てきたとおりです。昌益の伝統文明批判は反文明なのではなく、人類の発展史を、人類の内部生命の発露と見る内発的な社会発展論だからです。

たとえば、出版弾圧を招いた刊本『自然真営道』の暦批判にしても、昌益によれば、現状の暦は全国共通の、あるいは万国共通の日付の確認には有効であるものの、暦に付された二四節気や八将神…といった各種の注は地域性を無視したもので、実際の農事、農作業には何の役にも立たないという至極まっとうなものでした。

民俗学者・宮本常一は『民間暦』という著作で昌益と同じように、伝統農民の生活の知恵を評価して次のように言っています。

「山中暦日なしという言葉があるが、暦書はなくても、われわれの祖先は生産生活を営むすべを知っていた。自然運行の理の妙は、その長い訓練によって知悉《ちしつ》していたといっていい。そうしてしかも数理的に割り出された暦書よりも、この自然の暦によるほうが安全だったのである」と。

一九七〇年代半ば、国連ではダグ・ハマーショルド財団が、これまでの西洋近代資本主義社会をモデルとした社会発展―西洋に追いつき追い越せではなく、伝統社会に根差したもう一つの発展―経済中心ではなく人間を中心とした社会づくり、地域分権主義・自力更生を基礎として自然と共生する持続可能な発展を、内発的発展論として提起しました。

同じころ日本では、社会科学者・鶴見和子が、柳田国男・南方熊楠といった民俗学者に学んで、国連での議論とはまったく独自に、内発的発展論を提起していました。ちなみに、民俗学の創始者・柳田国男は自らの学問を、新国学と名づけていたはずです。

国学が郷土愛を基礎に、一方で本居宣長―平田篤胤―明治の国家神道といったように、狂信的な自民族中心主義によって大東亜共栄圏―八紘一宇を夢想し、アジアを世界を戦禍に巻き込み、敗戦に導いてしまったのとは別に、国学は民俗学のルーツでもありました。

国学者を自認していた菅江真澄が、他国生まれにもかかわらず秋田の農民を愛し、秋田の庶民の生活を記録に残していったのは、昌益が伝統農民を愛し、伝統農民の世界に学んでいたのと同じ思いから出たものでしょう。安藤昌益の思想は、そうした伝統に根ざし、時代的な制約を持ちながらも、これまで述べてきたところでお分かりのように、きわめて現代的な魅力に溢れた、汲めども尽きぬ豊かな内容を持ったものです。

私たちが歴史を学ぶのは、歴史的な知識をひけらかし、もてあそぶためではありません。豊かで平和な未来を築くためです。過去の遺産を未来の世代へ贈り届けるためです。昌益の思いを、伝統農民の思いを若者たちに、未来の世代に伝えるためです。

大事なことは、戦争体験、被爆体験、加害体験と同じように、歴史の記憶を、風化させず語り継ぎ、学び継ぎ教訓化することです。未来の世代へ向けて。

原爆ドームが世界遺産に登録され、花岡平和記念館が建設されたのと同じように、安藤昌益の石碑が再建され、安藤昌益資料館が建設されることで、「忘れられた思想家」安藤昌益が現在に生き、未来に生きてくるのです。

昌益が『自然真営道』を、『統道真伝』を「亡命を省みず」綴り、後世の私たちのために書き遺してくれたように、「欲々盗々乱々」とした弱肉強食の「文明」世界ではなく、つつましくはあっても、自然とともにある平和で平等な「自然活真」の未来社会を実現するためです。

昌益の世界観、自然観とは、そうしたいのちの継承、いのちのバトンリレーを宇宙規模で、宇宙生命誌として描いたものです。ロンドンオリンピックの閉会式でも歌われた、ジョン・レノンの「イマジン」の世界―平和を求める歌詞そのままです。昌益は、江戸時代の真ん中にあって、身分制社会を超え、日本社会を超え、地球市民として生きたのです。

高弟・神山仙確が、稿本『自然真営道』大序巻の末尾に掲げた安藤昌益の遺言に込められた昌益の思いを反芻《はんすう》することで、本書を終わりたいと思います。最後までお読みくださった読者の皆さんに感謝を込めて。

「吾れ、転に帰し、穀に休し、人に来る。幾幾として経歳すと雖《いえど》も、誓って自然活真の世と為さん」—私は、天寿を全うし死んで土に帰り、やがては米となり、また人となるといった自然界の循環を時とともに何度もくり返すことになるであろう。それがたとえ何年かかろうとも、必ずや平和で平等な未来社会を実現せずにはいられないのだと。

あとがき

本書は、「いのちの思想家」安藤昌益の没後二五〇年、発見者・狩野亨吉の没後七〇年を記念して、二〇一二年二月三日から八月二四日まで三〇回にわたって毎週金曜日、昌益と亨吉の郷里である秋田県は大館市を中心とした北秋田の地域紙『北鹿新聞』に連載したものをベースに、多少の修正を加え単行本化したものです。

連載は、二人を生んだ大館盆地を中心に、広く秋田の人々、とりわけ若い人々を念頭に置いて書き進めました。「です・ます」で文体を統一したのもそのためです。とはいえ、想定した読者の心にきちんと届いたかどうか、不安も残ります。また、新聞連載ということもあって紙面の制約から、書き切れなかったこと、書き足りなかったことも多々あります。

そうした不十分さを認めながらも、連載開始当初から、連載終了後の単行本化を考えていました。それは、拙い原稿に紙面を提供してくださった北鹿新聞社さんにはもちろん感謝しつつも、昌益を、亨吉を、北秋田だけではなく、秋田全体の、いや日本全体の共有財産にしなければもったいない、二人に対して申し訳ないという思いが前々からあったためです。

出版社としては、これまでお世話になってきたところではなく、できればこれまでと違ったところから、と考えました。少しでも新しい読者に届けたかったからです。

この間、昌益ファンの全国ネットワーク「安藤昌益の会」の事務局長を務めさせていただいてきたことから、昌益をめぐってはいろいろな見解があり、また昌益に心を寄せつつ自らの場で、様々な実践をされておられる方々をたくさん存じ上げてきました。

そうした一人に、竹下和男さんがおられます。竹下さんは香川大学の卒業論文で昌益を取り上げ、昌益の著作に見られる用語の数量的分析の結果、従来の定説をくつがえす画期的な業績をあげられた方として、昌益研究の世界では広く知られています。

その竹下さんが「私にとっての直耕です」として〝子どもが作る弁当の日〟の実践をされていることに、遠くから内心で拍手を送っていました。その竹下さんが自然食通信社から何冊もの著書を出されていたのです。安藤昌益の思想にひかれ、直耕のまねごともしたことのある身としては、当然のこととして自然食通信社のことは知っていましたが、竹下さんを介してぐっと身近な存在になってきました。

ある日、思いきって本郷の事務所を訪れ、単行本化を打診しました。代表の横山豊子さんは、前々から昌益のことは気にかかっていたとのことですが、昌益についての本の出版には慎重でした。それでも新聞連載のコピーを読んで、最終的に英断をくだされ、今回の出版にこぎつけることができたのです。感謝の言葉もありません。

それからは、筆者といっしょになって丁寧な本づくりをされている横山さんの仕事ぶりに触れることができました。昌益に心を寄せる仲間がまた一人増えたようです。昌益に心を寄せる多くの人々に、改めて感謝しつつ筆を置きます。一人でも多くの方が昌益の思いに応えてくださり、よりよい明日が築けますよう、期待しつつ。

二〇一二年一〇月吉日

石渡博明

著者プロフィール

石渡博明（いしわた ひろあき）

1947（昭和22）年、横須賀市生まれ。東京教育大学中退。経済協力団体勤務のかたわら安藤昌益研究に携わる。「安藤昌益の会」事務局長として会報『直耕』や『安藤昌益切り抜き帳』を不定期ながら発行。主な著書に『安藤昌益の世界』（草思社）、『昌益研究かけある記』（社会評論社）などがあり、共編著に『安藤昌益全集』（農文協）がある。現在、視覚障害者団体役員。

いのちの思想家 安藤昌益
—人と思想と、秋田の風土—

2012年11月15日　初版第1刷発行

著　者　石渡博明

発行者　横山豊子

発行所　有限会社自然食通信社

〒113-0033 東京都文京区本郷2-12-9-202
電話 03-3816-3857　FAX03-3816-3879
郵便振替口座　00150-3-78026
E-mail;info@amarans.net
http://www.amarans.net

組　版　有限会社秋耕社
印　刷　吉原印刷株式会社
製　本　株式会社越後堂製本

乱丁・落丁本はお取り替えいたします。（送料小社負担）
定価はカバーに表示してあります。

ISBN978-4-916110-97-8　C0036

自然食通信社の本

みちょってみやんせ
南九州から有機生活
かごしま有機生産組合20年の提案

定価一七〇〇円＋税

かごしま有機生産組合　著

「自分たちが有機農業で食べてるんだってことを知らせたい」――二〇年前から水や土を汚さない農業に取り組んできた南九州の農家たち。過酷な自然条件の中、旺盛な研究心で技術を磨き、その成果である瑞々しい野菜を売る直営店「地球畑」も地域の人たちの台所をささえる存在に。多彩な生産者の素顔に加え、畑とお客さんを結ぶ自前の店の生き生きとした日々を記録。

パーマカルチャーしよう！
愉しく心地よい暮らしのつくり方

定価一六〇〇円＋税

安曇野パーマカルチャー塾　編

あらゆるいのちのいとなみから教わる循環農。分かち合う暮らしとコミュニティーの再生。永続性のある農的暮らしのデザイン―パーマカルチャーの日本における実践をまとめた初めての書。増殖しつづける欲望を満たすのではなく、他のいのち、他者とつながり合って生きるライフスタイルが心地いい。